时刻
CHINA MOMENTS
新全球化时代的中国韧性与创新

秦朔 ◎ 著

浙江大学出版社

图书在版编目（CIP）数据

时刻：新全球化时代的中国韧性与创新 / 秦朔著.
—杭州：浙江大学出版社，2020.6
ISBN 978-7-308-19857-8

Ⅰ．①时… Ⅱ．①秦… Ⅲ．①中国经济－经济发展－文集 Ⅳ．①F124-53

中国版本图书馆CIP数据核字（2020）第001588号

时刻：新全球化时代的中国韧性与创新
秦　朔　著

策　　划	杭州蓝狮子文化创意股份有限公司
责任编辑	黄兆宁
责任校对	程曼漫
出版发行	浙江大学出版社
	（杭州市天目山路148号　邮政编码310007）
	（网址：http://www.zjupress.com）
制　　版	杭州真凯文化艺术有限公司
印　　刷	杭州钱江彩色印务有限公司
开　　本	880mm×1230mm　1/32
印　　张	9
字　　数	214千
版 印 次	2020年6月第1版　2020年6月第1次印刷
书　　号	ISBN 978-7-308-19857-8
定　　价	48.00元

版权所有　翻印必究　印装差错　负责调换

浙江大学出版社市场运营中心联系方式：0571-88925591；http://www.zjdxcbs.tmall.com

中国企业与企业家精神的新起点

美团上市与新一代使命:世界级创新"中国造" /003
小米上市:没有爆米花的轰动,但低头时更接近成熟 /011
马云向后,张瑞敏向前 /019
告诉你一个真万达:创新往往都是被逼出来的 /028
有人以聪明为荣,有人以诚信为本,最后呢? /039
中国巨石"入埃及":一个有关韧性和弹性的故事 /048
跳出华为看华为:冷静就是力量 /060
华为折叠 /067
倾听任正非:我们究竟向华为学习什么 /075

迷惘之中的忧思与警醒

当前经济社会怎么看 /087
当前经济社会何处去 /098
我们到了最需要理性、自立和反思的时候 /109
"民企之困"如何走向"民企之春" /118
我从不怀疑增长,只是担心发展 /132
别人可以读不懂中国,我们不能读不懂自己 /138

全球化浪潮中的中国

不要慌　/153
中国经济的下一个春天究竟在哪里　/163
中国经济的韧性到底在哪里　/175
大国心动：我们需要牛市，牛市需要怎样的我们　/185
中国"第一世界"的启示　/193
2019年之夏：雷声为谁而鸣，掌声何时响起　/200
中国的PATH，能否超越美国的FAMGA　/209
无锚之境，需要一颗勇敢而平静的心　/219

中国商业文明的新维度

破局：他们3年干了30多年的事　/231
破壁：上下五千年也可以青春无限　/244
互惠经济学：一场商业世界观的革命　/253
当我们面对不曾想象的困难，更有机会拥抱自由的美好　/264
让有梦想的人活得比梦想更精彩　/273

中国企业与企业家精神的新起点

美团上市与新一代使命:世界级创新"中国造"

从"美国的是创新的"到"中国的是创新的"

当我们观察过去几十年科技公司的创新史时,不难发现这样一种现象:美国的就是创新的,就是世界的。

1955年出生的比尔·盖茨和乔布斯,在他们20岁出头的时候分别创建了微软(1975)和苹果(1976)。微软公司于1986年上市,苹果公司于1980年上市。

1965年,迈克尔·戴尔出生,他19岁创办了戴尔公司;1971年,马克·安德森出生,他23岁创办了网景公司;1964年,杰夫·贝佐斯出生,他31岁创办了亚马逊公司;1971年,埃隆·马斯克出生,他27岁和彼得·蒂尔一起创办了PayPal(贝宝);1973年,拉里·佩奇和谢尔盖·布林出生,他们25岁创办了谷歌;1984年,马克·扎克伯格出生,他20岁创办了Facebook(脸书);1977年,特拉维斯·卡兰尼克出生,他32岁创办了Uber(优步);1976年,简恩·寇姆出生,他33岁和布莱恩·阿克顿一起创办了WhatsApp(瓦次艾普);1983年,凯文·希斯特罗姆出生,他27岁创办了Instagram(照片墙)……

电脑、软件和互联网是年轻人的世界。美国在这些领域的创新企业家二三十岁就开始改变世界。戴尔、佩奇、布林、扎克伯格更是在校园里就开始创业,他们的故事激励着全球无数的年轻人。

但全球商业创新的一个新时代其实已经开启。那就是:中国的是创新的,中国的是世界的。

"互联网女皇"玛丽·米克尔2018年5月发布了2018年互联网趋势报告。根据这份报告,在以市值计算的世界20大互联网公司中,美国有11家,中国有9家。这些中国的创新企业家,既有和贝佐斯同岁的马云、1968年出生的李彦宏、1969年出生的雷军、1971年出生的马化腾、1974年出生的刘强东,也有在移动互联网时代创造奇迹的新一代,比如王兴(1979)、张一鸣(1983)和程维(1983)。

更重要的是,中国互联网公司的商业模式,就其丰富性、创新性而言,在美国已经找不到对应物,它已显示出自己的独创特点。中国曾被称为"山寨国家",现在"逆向山寨"已经出现,从新兴国家到美国,借鉴中国互联网公司模式的企业比比皆是。

当我们眺望改革开放后的中国企业家奋斗史,会发现从33岁创办万科的王石、33岁创办平安的马明哲,到40岁创办联想的柳传志、43岁创办华为的任正非,他们大致要经历十几二十年甚至更长时间才能享誉世界。他们三四十岁才有机会创业,因为和中国这个大市场"同步",所以终能做成世界规模。到了21世纪——BAT(百度、阿里巴巴和腾讯的简称)和TMD(今日头条、美团和滴滴出行的简称)的年代——这些企业家有了两个"同步",一是与中国同步,二是与硅谷同步。他们不仅立足中国大市场,而且致力于实现这个大市场的互联网化。他们被竞争压力和海量用户需求所倒逼，产生了更多本土化的技术创新与模式创新。和20世纪80年代创业的企业家相比，更年轻的他们可以用更短的时间成就世界级的公司。

2010年成立的美团网，成立5年后和另一家知名O2O公司大众点评进行了战略交易，双方联合成立了美团点评公司，并于2018年6月22日向香港联交所递交了上市申请。从其披露的数据来看，2017年美团点评交易额达人民币3570亿元，有3.1亿年度交易用户数，交易笔数超过58亿笔，已经是不折不扣的互联网新巨头。美团点评在招股说明书里有一句话："我们是全球服务业电子商务模式的创新先锋。"这句充满志气和自信的壮语，真可谓"少年心事当拏云"，它代表了新一代中国企业家的抱负，那就是让世界级的创新越来越多地由中国创造。

中国机遇 + 美团创新

为什么美团点评这样的公司能这么快走向公众市场，并很快成为世界级独角兽？答案是"中国机遇+美团创新"。

所谓中国机遇，具体到今天，就是中国服务行业线上化、数字化、现代化的新机遇。如果说在前一个时代，商品销售的数字化、线上化机遇造就了淘宝、天猫；在未来，服务业是更大的市场，也将创造出前所未有的明星公司。只不过服务业的数字化需要线上线下同步发展，而线下的万里长征要一步一步走，所以道路会更加漫长。

服务业的线上化，目前比例最高的是电影票务（80%线上化率）和高铁票务（90%线上化率）。以美团点评的核心业务外卖来说，2017年中国餐饮业收入接近4万亿元，预计2020年将突破5万亿元。美团点评的招股说明书显示，2018年每天的餐饮业订单量在3亿单左右，线上订餐占比不到10%，即不到3000万单。随着餐饮业规模的增长，线上订单比例和客单价同步增长，在线外卖市场未来还有巨大的成长空间。

当餐饮行业更充分地实现线上线下一体化的时候，通过数据挖掘，就能知道每个顾客的偏好，从而提供千人千面的推荐服务，"让每一个胃都得到尊重"。这是美团在需求端的价值。在供给端，正如美团点评在做的，通过为商家提供B2B服务，从种植养殖、采购、运输、库存管理、菜品设置，到最后的成品、半成品售卖，将整个供应链更有效地整合，来提升行业效率。在美团看来，未来的餐厅，是堂食、外卖、线上点餐、零售（半食材化、完全食材化）"四位一体"，更多依靠数据来驱动，依靠线上智能系统和线下的及时配送体系来实现。

美团点评的创新在哪里？举一个技术上的例子。外卖看起来很简单，没有什么技术含量。其实，几百万户商家、几十万名送餐骑手、数以亿计的用户背后，是美团点评上万名工程师和技术员日夜不息的研发，是强大的AI技术和系统运营能力。

美团点评的外卖系统，最早是用简单的人工运营规则，然后是用离线机器人的方法，现在是用深度学习支持的自然语言处理技术执行文本分析、语义匹配及搜索引擎排名，以便在用户搜索时返回最相关的商家及服务。顾客点餐，系统估算时间后，要做配送路径优化，快速搜索到底可以朝哪个方向走，配送给哪个骑手是可行的，然后做回归分析，最后再做迭代优化。此外，大规模的实时优化、秒级计算完成后，可能又会有变化，比如某个用户突然在某地又下了订单，这就导致之前的最优解失效，系统马上又要做出适应性改变。

这就是美团式的中国创新。在本质上，它是客户驱动型的创新，是海量客户的驱动。至2018年，美团点评在高峰期每小时要支持29亿次的路径规划算法，在平均55.2毫秒内计算出97%的最优配送路线。美团构建了一个高度可扩展且能够快速迭代的SOA（面向服务架构）基础设施。

对比一下美国市值最高的餐饮配送网站Grubhub，其市值在100亿美元左右，每日订单40万单左右，不到美团点评的2%。设想Grubhub突然要支撑50倍以上的业务量，那么其整个技术系统的安排和逻辑都要被颠覆。所以，表面上简单的生意，一旦乘以一个巨量的数字，其对技术的要求是完全不同的。这也是美团点评这样的互联网公司在投资印尼的Go-Jek和印度的Swiggy等电商服务公司时，感觉如同握着牛刀杀鸡般轻松自如的原因。

在外卖之外，美团点评已经进入了打车、共享单车、电影票、酒店、景点门票、亲子、KTV、结婚等200多个品类的生活服务领域，特别是那些规模最大、频次最高的服务品类，把商家和用户粘连起来，建设好围绕商家和用户所需要的各类设施。根据智研咨询发布的《2019—2025年中国电商零售行业市场竞争现状及未来发展趋势研究报告》，2017年网络销售额占社会销售总额渗透率为19.7%。而服务行业的线上运营刚刚开始，估计3到5年后才会达到和实物电商一样的渗透水平，可以预料，美团只是刚刚开始分享中国服务升级、服务在线化、服务现代化的红利。美团未来的发展空间就在这里。

企业家精神：既往不恋，纵情向前

在谈到自己的战略的时候，美团点评的招股说明书里是这样表述的："为更多的消费者提供更多的服务，为更多的商家提供更多的解决方案，持续进行技术创新，有选择地寻求战略合作、投资和收购。"这几个"更多"显示了美团的勃勃雄心，它要做一家世界领先的生活服务电子商务平台。不过，美团也因此一直受到业界质疑：面对那么多竞争对手，可能在每个品类都做强吗？何时能够实现规模化盈利？

美团点评自己的回答是："美团点评平台自我强化的网络效应及相关经营优势使得美团点评能够在用户黏性不断增长的情况下依然保持低用户获得成本进行有效竞争。""我们的优势在于——显著的规模与网络效应，刚需、高频服务领域中家喻户晓的品牌，覆盖消费者生命周期价值的一站式平台，助力商家取得成功的多元解决方案，最大的同城即时配送网络，专利和创新技术，富有远见及强大执行能力的管理层。"

而从最近二三十年互联网巨头的历史看，美团点评的发展，暗合了一些成就大业的关键因素：

1. 用户的偏好才是企业的边界。阿里巴巴和亚马逊一开始经营的品类也不多，但最终都采取了全品类的覆盖战略。美团要做一站式的平台，不可能循规蹈矩、自我设限。事实上，美团在所有新进入的品类中都能迅速对原有的领导者提出强有力的挑战。

2. 有远大未来的企业往往暂时不考虑当前控制的资源条件。它们不是根据现有的资源，在A、B、C、D中选出一个答案，而是从未来的大趋势中发现自己可能拥有的最大机会（The best dream wins），由此开始补充自己还没有的资源。亚马逊用世界上流量最大的河流来命名自己，阿里巴巴创业时就提出"让天下没有难做的生意"，这都说明了想象力的价值。美团曾经提出要做"服务业的亚马逊",听起来是天方夜谭,但正是这个"大未来"引领美团不断刷新了人们的认知。

3. 坚持在低毛利环境下提供高价值服务,以此建立竞争壁垒。从商业模式角度看,本地生活服务的显著特征是毛利率极低。"由俭入奢易,由奢入俭难。"美团创立之初就制定了"三高三低"的原则:高品质、低价格;高效率、低成本;高科技、低毛利。美团的商业模式是通过规模实现盈利,而规模的基础,既包括需求的数量、频次和刚性程度,也受服务价格的约束。用科技普惠大众,虽然毛利低,但当美团实现每天服务几亿人次、十亿人次的时候,其商业模式的价值和威力将毕现无疑。因为"三低",美团至今仍保持着艰苦朴素而又坚韧不拔的精神,王兴没有独立办公室,出差住经济型酒店。很多和美团高管接触过的人都评价他们有"清教徒精神"。

深度思考,能够洞见未来,超越暂时的资源约束的局限;通过脚踏实地的奋斗,能锻造强悍的执行力和灵活反应能力。美团点评这种"顶天立地"的公司,在激烈的竞争中将有更多赢的机会。招股说明书中说:"在用科技帮大家吃得更好、生活得更好的道路上,我们既往不恋,纵情向前。"最后这八个字,王兴曾多次使用,足见真正让美团牵肠挂肚的,不是昨天和今天,而是明天。一切都才刚刚开始。

做改变世界的新一代

在美团点评的身上,我们看到了中国经济转型、消费升级的新信号,即把数字化、智能化的力量深度融合到国民经济之中,提升各个行业的效率，造福人民的生活；我们也看到了新一代互联网英雄的远大抱负、创新精神和百折不挠的拼搏勇气。

王兴是福建龙岩人。父亲对他有很深的影响。父亲是家中四个孩子中的老大，高中就辍学，摸索如何种田养家糊口，担负家庭的责任。改革开放后他办了水泥厂，后来做成当地最大的水泥企业。

在接受外媒采访时，王兴回忆说，他父亲在龙岩经济开始发展的好几年前就说，将来中国制造的隧道和桥梁都会用到他生产的水泥。"他说的时候神情非常严肃，但我看到了他身上的那种自豪感，"王兴很动情，"他曾经为国家的建设做出了巨大贡献，如今，该轮到我了。"

在和母校清华大学校长邱勇交谈时，王兴说，他有一个小目标，就是到2021年清华110周年校庆的时候，美团点评可以朝着建设世界一流企业的方向迈进。

美团点评上市是移动互联网时代中国新兴互联网公司的一个"成人礼"，成年后的企业将面临更大的挑战、更复杂的商业环境，也需要更多的耐心、远见和执行力。

但比起财富数字，美团点评更大的价值可能在于，它让我们看到了世界级创新"中国造"的新的可能。父辈们在中国制造中流了无数血汗，今天的新一代理当奉献出更多的聪明才智、热忱和创造力，用新技术、新模式助力"中国制造"成为"中国创造"。

"做出你想在这个世界上看到的改变。"（Be the change that you want to see in the world.）甘地的这句话是王兴所喜欢的格言。你觉得世界应该是什么样子，改变应该怎样发生，就不要等待别人让它发生，你可以积极地去促成改变。改变世界，也在这个过程中成就一个更好、更理想的自己。

小米上市：没有爆米花的轰动，但低头时更接近成熟

2018年7月9日，小米创立8年后在香港成功上市。这标志着资本市场对移动互联网时代中国新一代领导性公司的认可。

我数了数，我家的小米产品有电视、智能摄像头、移动电源、夜间感应灯、温度计、太阳镜、手机，还有通过米家App买的一件衬衫。和"米粉"比这些产品真的不多，但同时有这么多品类，家里也没有第二个品牌能做到。

小米标准（Xiaomi inside）

我在品牌方面有过不少研究。我觉得21世纪的品牌有三大类型。第一种是杰出品牌，是20世纪延续下来的传统，强调高品质、聚焦和专业性，比如茅台、格力、同仁堂；第二种是超级品牌，比如苹果、谷歌、微信、支付宝，它们是互联网时代的产物，基于核心产品建立起平台与生态，扩延范围很广；第三种是新潮品牌，很多是速生的，但速生也可能速朽。

小米的奇特在于，作为智能硬件、互联网、新零售的三合一"新物种"，它同时也是杰出品牌、超级品牌、新潮品牌的三合一"新物

种"。小米手机、电视是杰出品牌,小米互联网服务、电商、零售是超级品牌,小米生态链上则有很多新潮品牌。这是全世界从没有过的商业模式。但在互联网、物联网背景下,在从产品导向到用户导向的背景下,在从物质主义到物智主义、越多连接越有价值的新生活背景下,小米正把它变成现实。这需要多方面的能力,比如设计、品质、连接、高性价比,最重要的是和用户交朋友。所有这些共同构成了一种标准、一种品位、一套方法,可以应用于硬件、软件、服务等方方面面。PC时代有"intel inside"[1]的说法,在物联网时代,"Xiaomi inside"事实上已经开始。

2018年,我曾和蔚来汽车创始人李斌交流,他说小米将是未来10年内最伟大的公司之一,小米在商业模式和经营用户方面已经超过了苹果。李斌的理由是,商业竞争的本质是经营用户,因此用户体验将是最重要的护城河。只要用户的心跟你在一起,即使你有这样或那样不完善的地方,如果你能快速修正,也会获得用户的认可。在用户和社群的经营方面,小米走在了时代最前面。在上市敲锣那一刻,小米专门请了"米粉"一起上台庆祝,这正是它长期坚持的"和用户交朋友"理念的体现。

几年前我问过马云,BAT这样级别的下一个是谁?他说,后面总会有人的,是不是雷军,谁知道呢?他不确定,但当时他只提到了雷军。这一次小米上市,马云也做了投资。

马云衡量互联网公司的最终价值时,强调的指标是"规模化盈利能力"。挣小钱不难,高利润率也不难,难的是利润规模化并持续成长。小米创业8年,收入过千亿元,经营利润过百亿元,规模化盈利能力已经

---

[1] 英特尔公司在其主机上粘贴的标志,旨在告知消费者带有这个标记的主机主板装的是Intel的处理器。

显现。而这是以整个小米生态为背景的。在所有抓住风口的人里，雷军用产品性价比抓住了用户；当千百万用户涌向你，想不做大都难！想象力就是这样一步步放飞的。

人人上网是互联网的特征，万物互联、人物相连是物联网的特征。在物联网时代，用户用的不再是独立的产品，而是能够提供一系列服务的设备，所有硬件都将智能化，具备感知、交互和控制能力，成为适应分散化生活场景的连接节点。表面上看，小米是生产和销售产品的公司，但本质上，它是用物联网时代新标准——"Xiaomi inside"去持续孵化新公司、新业态的超级平台。小米自己是"网联新物种""互联网新物种"，同时这个平台也在创造各种智能化、网联化新物种。例如，仅仅是小米可穿戴设备App"小米运动"，通过小米手环、小米体重秤等健康管理类产品，就和千万级月活用户连接，参与其健康生活的塑造。单独看，这就是一个"独角兽"。

所以雷军多次说，小米不是单纯的硬件公司，而是创新驱动的互联网公司，坚持做"感动人心、价格厚道"的好产品，和用户交朋友，让全球每个人都能享受科技带来的美好生活。道理并不复杂，但只有小米勇敢去实践，而且基本把道路走通了。

小米原则（Xiaomi principle）

小米上市最有意义的地方，不在于估值，而在于价值，在于这一"网联新物种"的价值被资本市场认可。而上市前后的风风雨雨，则折射出小米是一家坚守价值观的厚道公司。借用这两年的一个流行词"原则"，可以将之称为"Xiaomi principle"（小米原则）。

2018年三四月份小米准备上市时，投资者热捧，几乎到了"但求额度,不问定价"的程度。当时小米估值八九百亿美元甚至更高绝非虚言。几个月后,受大环境影响,香港股市寒流涌动,上市不久的几只"独角兽"几乎都跌到了刚上市时市值的一半左右。小米最终也以发行价区间为17~22港元的底线定价,估值在540亿美元左右。

对于雷军"在最后定价的时候终于定在了最低价位",刘强东说:"我今年3月份听到一个最近两年上市的CEO分享自己上市心得,说得惊心动魄、洋洋得意!我随手查一下他的股价,上市不久破发,两年没有回去过!……奉劝后面的独角兽们:向雷军学习!做到让股民赚钱才是牛的事情!去股市割韭菜的没有资格成为企业家!"

我估计雷军并不认为当时的估值反映了小米的价值,后来果然听说,即使外部估值八九百亿美元时,雷军也打算在发行时打个七折八折,希望给投资者留出空间。就像小米手机的发布,雷军多次在已经确定价格、第二天就要发布的头天晚上,甚至是上场前15分钟,把售价再砍一刀。无他,唯恐觉得从顾客那里拿多了,不够朋友。

也许是天意,小米IPO遭遇了外部寒潮,但雷军顺天而动,攒下了人品。2018年6月29日定价确定后,他通过个人微博称:"厚道的人,运气不会太差。"他越来越相信这种价值观的力量。

厚道是小米的信用、信誉,也正在成为小米的信仰。

按照各大机构预估,2019年小米有望实现155亿元(接近22亿美元)左右的净利润,因此540亿美元市值所对应的市盈率是24.5倍左右,考虑到小米的成长性,这个估值确实不算高。我个人觉得小米上市和腾讯不同,腾讯2004年上市时规模很小,市值只有六七十亿港元,所以至今有几百倍的市值成长。小米上市和阿里巴巴2014年9月在纽交所上市有点像,都是在公司已经有相当规模时上市的,但即使阿里巴巴如此之大的基数,市值也成长了一倍多。如果以阿里上市后股价最低时的60美元左右和最高时的215美元左右来计算,这个成长空间更大。不管你在什么价位买了阿里巴巴股票,几乎都能赚到钱,因为它的总趋势是成长。

不少人怀疑小米估值的最大理由是,尽管小米利润主要来自互联网服务,但其主要收入来自硬件,而消费者对硬件的忠诚度是有限的,他们会换机,那样的话互联网服务就无从谈起。我不知道雷军如何回答这个问题,但我个人觉得小米能打破"硬件不能成为互联网入口"的理由有三个。第一是智能硬件的效率极高。小米招股书中提到存货周转天数是45天,根据2017年发布的"Gartner供应链25强",45天这个数字和沃尔玛一样,比H&M(121天)这样的快时尚品牌快了不止一点。也就是说,小米的运营效率很高,轻易不会被颠覆。第二是小米已经有了非常丰富的产品组合。通过组合产生了"低频变高频"的消费黏性。当你买一件小米产品时,它好像是个硬件公司,但你如果经常在小米的线上或线下渠道购买小米产品,而这些产品都是智能化、网联化的,这时的小米就更像是一个时时和你在一起、运营生活数据的互联网服务公司。第三是小米用户的迁移成本比想象中高很多。这是因为小米厚道,能用压低的硬件利润率和极高的性价比和用户成为朋友。高效、高频、粉丝效应,这不都是成功互联网公司的标配吗?

所以小米原则的核心,还是"感动人心、价格厚道"这八个字。坚持这样的原则,以厚道赢得用户,最后才能实现"得用户者得天下"。这是真正的王者之道。所以,有那么多机构投资者和企业家为小米融资,无条件支持小米。这一典型的"企业家雇佣资本"现象,绝不是偶然出现的。

小米企业家精神（Xiaomi entrepreneurship）

2007年1月，在MacWorld发布会上，史蒂夫·乔布斯第一次向世界展示iPhone的设计。他先说："嗯，我们有三个创新，带触摸控制的宽屏iPod、革命性的手机，以及突破性的互联网通信设备。"当人们欢呼时，他突然说了一句："这其实并不是三个东西，而是一个三合一的东西——于是我们叫它iPhone。"

一个新时代开始了。

伟大的产品并不等于伟大的公司，伟大的公司是文化、产品、服务、管理、品牌等的聚合体，其中最重要的是始终坚持创新、改变世界、与时俱进的文化。《史蒂夫·乔布斯传》的作者艾萨克森在《创新者》一书中说：

> 数字时代最成功的事业都是由能够鼓励协作和富有远见的领导者开创的。这往往被认为是不可兼得的两种特质：普通的领导者可能是友善的包容者，也可能是充满激情的远见者，但是最优秀的领导者可以同时做到这两点。

在他眼中，英特尔创始人罗伯特·诺伊斯就是一个很好的例子，乔布斯和比尔·盖茨为人挑剔，但他们也知道如何在自己身边建立强大而忠诚的团队。相反，不能协作的领导者，即使再优秀也很容易走向失败，比如肖克利半导体公司的瓦解；缺乏充满激情和冲击力的远见者，一个协作团队也难以成功，就像苹果在1985年驱逐了乔布斯之后，便失去了方向。

作为最了解雷军的人之一，小米最初的投资人、晨兴资本的刘芹曾说过："我对小米的未来充满信心，因为它的创始团队依然雄心勃勃。小米公司成功的秘密只有一个，那就是雷军的企业家精神是全球顶尖的，背靠中国超大的人口消费市场，小米终将成长为一流的跨国科技公司。"

我赞同刘芹的说法。正是中国这样的互联网发展热土，加上强有力的中国制造能力，给了小米这样的企业超速前进、产业跨界、无缝连接用户、打造前所未有的复合生态圈的可能。而雷军顽强的企业家精神和敢为天下先的勇气，则引领小米越走越远，一次次开辟新航路，创造新模式。

雷军在给员工的信中说：

> 2010年4月6日，在中关村银谷大厦一间很小的办公室，一家叫小米的小公司静悄悄地开业了。到现在我都依稀记得，当时只有13名员工，除了我、林斌、阿黎和KK共4名联合创始人之外，还有范典、刘新宇、王海洲、李明、屈恒、秦智帆、李伟星、孙鹏和管颖智这9名创始团队成员，他们9位同学今天还依然活跃在小米的各个重要岗位上。那一天，我们一起喝了碗小米粥，就开干了。

当我看到这段话的时候，就想起了艾萨克森所说的："数字时代最成功的事业都是由能够鼓励协作和富有远见的领导者开创的。"从创立到上市的8年时间，小米也有起伏，9名创始团队成员至今都在小米，这就是对小米事业、小米激励模式、小米文化的最好支持。

中国的小米，世界的小米；互联网的小米，物联网的小米；制造的小米，零售的小米，服务的小米；创新的小米，厚道的小米；远见者的小米，协作者的小米。这一切都在8年之中发生。想到这一点，想到小米所代表的中国创新力量，真的有点激动。

小米上市，从股价看并没有爆米花的轰动，但就像田里的小米，越是低头的时候越接近成熟。这一低头，代表着厚道和谦恭，也孕育着更大的成长力量。

马云向后，张瑞敏向前

对于马云宣布一年后卸任阿里巴巴董事局主席，张瑞敏并不感到吃惊。因为2016年马云带领湖畔大学学员到海尔集团参访时，用的身份是湖畔大学校长，探讨的问题是文化、管理、接班等，和具体运营事务已经没有关系。

那是2016年7月28日，张瑞敏为湖畔大学一行授课的题目叫"管理百年"。他首先定义了管理，管理就是通过管理方法使管理者与被管理者协同完成目标，管理的三要素是管理主体、管理客体和管理方法；然后从亚当·斯密的分工理论讲到亨利·法约尔、弗雷德里克·温斯洛·泰勒、马克斯·韦伯这三位先驱的古典管理理论，以及对中国企业管理有相当影响的戴明环（PDCA）、六西格玛、平衡计分卡和企业再造的理论。他说，管理存在各种悖论，只要实用就好，管理最重要的是与时俱进，没有最终的答案，只有永恒的追问。

马云说："每次跟张首席交流对我来说都是很有帮助的，他一年要看100多本书，我特别钦佩。张瑞敏是干企业的专家，海尔就是这么一点一点干出来的。没有强大的乐趣，没有强大的热爱，不能挡住诱惑，那是做不到的。"

马云也谈了他对管理的看法,"管是管人、管文化,理是理制度、理模式。我的职责就是把人给管好。最佳的管理方法是什么?就是用文化去管好"。

马云和张瑞敏都谈到了变革。马云说,阿里巴巴的变革是尽量不颠覆自己,在每一次曲线往上升、看起来还要更往上升的时候,就要开始变了,"我不断提醒自己,要在阳光灿烂的日子修屋顶,不要到下大雨时才去修屋顶"。

张瑞敏在海尔的变革则像一场颠覆。他说:"海尔原来之所以比同行业的企业做得更大一点,发展得快一点,重要的是执行力文化。但现在执行力文化变成了创业文化,不是我要你往东走或往西走,而是你自己要找到走的路,很多人就茫然了。原来海尔也是科层制组织,前些年我们把1万多名中间管理层去掉,要么创业,要么离开,原来的金字塔式结构一下子变成了平台,这个平台只欢迎创业。"

2018年,马云宣布一年后不再担任阿里巴巴董事会主席。他在公开信中说:"今天的阿里巴巴最了不起的不是它的业务、规模和已经取得的成绩,最了不起的是我们已经变成了一家真正使命愿景驱动的企业。我们创建的新型合伙人机制,我们独特的文化和良将如潮的人才梯队,为公司传承打下坚实的制度基础。事实上,自2013年我交棒CEO开始,我们已经靠这样的机制顺利运转了5年。"

马云正在向后。他将把更多精力用在教育等公益领域中。

张瑞敏则努力向前。每周他都亲自参加"人单合一"变革的两三次具体推进会。单就青岛海尔和海尔电器这两家上市公司的业务和海尔体系内的运作来说,他麾下早已兵强马壮,不需操心。但他的愿景远不止于此。如果说马云的愿景是"让天下没有难做的生意",那么张瑞敏的愿景则是在21世纪创造一个"让组织永远充满活力"的新管理范式。他不仅要使"企业平台化、员工创客化、用户个性化"的模式在海尔落地生根,还要向全社会开放,让海尔模式社会化、全球化。他心系未来,一刻不停,只能向前。

马云向后,是一种境界,一种信心;张瑞敏向前,是一种精神,一种追求。

在某种意义上,张瑞敏的工作更难。因为互联网是传统商业的天然颠覆者,而马云更是天生的创新者,但张瑞敏需要将海尔这个科学管理时代的制造型企业,变成互联网经济时代的创造性平台——

> 过去组织中"唯有上级"的下级,现在是"唯有用户"、和用户交互的小微自主经营体。
>
> 过去的科层制管控结构已大大瘦身,变成了服务平台。这就要依靠各种小微自主经营体对平台服务的采购才能证明其存在的合理性。
>
> 更重要的,无论是服务平台(如原材料采购、财务金融、生产制造、销售渠道、物流配送、售后服务)还是小微经营体,都是向全世界开放的。用张瑞敏的话说,海尔正在做的是"创客公地",向社会开放海尔的资源,开放机制创新的土壤,呼唤各利益攸关方共建共享共赢;海尔真正的武器就是创业和创新的精神,作为平台的海尔还只是一个初生的婴孩、一轮初升的朝日。

张瑞敏的海尔史，上半场创造了一个世界级家电名牌，下半场创造了一个独创性管理模式，也就是"人单合一"。上半场功成名就，下半场自我颠覆，"去海尔化，留海尔魂"。他的努力不仅让海尔不断焕发新的生机，也引起了全球管理学界的极大兴趣。

"量子管理学"创始人丹娜·左哈尔多次到海尔调研。她说，要应对充满未知、复杂性和不确定性的未来，商界领导人必须跳出"牛顿式思维"，跳出"静态""不变"，拥抱"动态""变化"的"量子思维"。在"量子化组织"中，没有稳定的官僚阶层，组织中的每一个人都通过自己的行为与其他人产生互动，彼此相互影响，带动发展，每一个人都是领导者。虽然不断快速发展的现实会让人们感到不可预知的恐怖，但也蕴含着"量子化组织"的巨大机遇。

左哈尔认为，海尔的变革让成百上千个"单位"变成了成千上万个创业体，有了成千上万个CEO。"张瑞敏使每一个小的部门变成了一个小的企业。海尔公司的这种结构性变化，提升了公司运营的灵活度，也大大降低了公司的风险，提升了每个人的工作空间和创新能力，让他们成为特殊的'能量球'，集体发挥创意，'由下而上'地为公司注入源源不绝的动力。"

海尔演变成创业平台的过程，也是海尔和用户越来越接近的过程。"人单合一"，"人"是员工，"单"是用户价值，"合一"是指员工价值的实现寓于用户价值的实现之中。有单才有人，单在人在，单散人散，单不是分配来的，是在和用户的互动中发现的，是靠不断创新的产品和服务在市场竞争中争来的。"人单酬"是一个闭环，每个小微自主经营体的"酬"来自用户评价、用户付薪。目前，海尔产品的"不入库率"已经达到71%，这意味着70%的产品生产时就已经有明确的"单"，只有不到30%的产品通过传统渠道进行分销。"人"能发现"好单""大单""新单",就能"分享超利"。

由于"人单合一",每个人以用户为目标,传统的从研发到营销的串联过程变成了并联交互过程。研发、生产、营销等环节,通过"小微"自组织内部的角色协同来完成。这些工作平行地开展,共同创造了用户价值。每个人都知道,用户是唯一领导,如果不认可产品,无论哪个环节出问题,整个"小微"都要承担损失。

张瑞敏曾经用"量子纠缠"来比喻"人单合一"的"合"的力量。他说量子纠缠就是很远距离的两个量子之间互相有感应,像人照镜子,你做什么动作,镜子里的"你"也做一样的动作,"我们现在需要把企业变成一种量子纠缠,'人单合一'就是用户做什么动作、有什么要求,员工马上能反应"。

张瑞敏跨越了两个时代,压力、矛盾以及探索本身的不确定性纠缠着他,但因为坚信"没有成功的企业,只有时代的企业",因为坚信"只有自以为非,才能自我超越",他义无反顾。

2018年9月20日,第二届"人单合一"模式国际论坛在青岛举行。和2017年相比,张瑞敏心里有两件事很踏实:一件是海尔收购的GEA(美国通用家电)通过试行"人单合一"模式成效明显;一件是张瑞敏倡导了几年的"后电商时代"的三生体系(生态圈、生态体系、生态品牌)已经有了一些具体成果。

GEA有120多年的历史,在海尔2016年并购之前,收入下滑,利润增长微乎其微。海尔进入后发现GEA的管理还是线性的,研发、制造、销售是串联关系,谁也不管谁,部门之间互相不通。张瑞敏说,第一步的问题是，能不能让GEA的产品不要成为孤儿，也就是"无人负责的产品"？所有和产品相关的部门应该连成一个整体，让"串联"变成"并联"，大家都为创造用户价值努力。如果努力有了效果，大家可以分享一部分利益，而不是像现在这样拿着固定的科层制工资，干好干坏一个样。

GEA员工问："兼并我们后，你们要怎么领导我们？"

张瑞敏的回答是："我是你的股东，但不是你的领导和上级，你的领导和我的领导是同一个人，就是用户。"

"人单合一"模式融入GEA后，改变了工作流程，提升了效率，2017年企业增速创10年最高。2018年半年报显示，在美国家电市场负增长0.1%的背景下，GEA逆势而上，实现美元收入增长11%。

《财富》杂志编辑采访张瑞敏时，问道："国际化并购失败率有80%多，你们对GEA一个人都不派，为什么会做好呢？"

张瑞敏回答："就像你们西餐的沙拉，每一盘沙拉里的蔬菜都是各式各样的，但有一样是统一的，就是沙拉酱。我们的沙拉酱就是'人单合一'。"

"后电商时代"是张瑞敏2015年前提出的一个概念。他认为电商只是交易平台，有无数商品让顾客自己去挑，而"后电商时代"的平台应该是交互平台，用户提出自己的要求，最后获得个性化定制。在交易平台上，很多厂家因为打价格战不赚钱，而交互平台上所有利益相关者一起创造用户价值，能够实现共赢。

海尔打造的"后电商时代"的物联网交互平台，是既包括线上店、线下店和微店"三店合一"的社区，也包括用户、设计方、供应链企业、制造方、营销与服务方等多方在内的平台。社区加平台和利益相关方，形成一个生态圈，产生生态收入，创造生态品牌。

海尔交互平台上有一个"顺逛"，它是一个把海尔内部所有并联节点打通，吸引外部微店主和线下店加入，可以对智慧家庭周边产品实现全需求满足的社群平台。2018年7月16日，通过"顺逛"内"头号社群"的活动，有用户提出"红酒开瓶后一次性喝不完，该怎么办"的话题，随后就有用户提出开发375毫升的小支红酒的创意，当天转发评论和点赞的有3.5万次。在平台上注册的资源方北京龙徽酿酒公司立即表示可以满足这一需求，不久，定制款"小支红酒"在"顺逛平台"和"酒知道"平台首发，3000瓶22分钟售罄，是在某电商平台上单日最高销售纪录的3倍。在此之后，随着中秋节临近，有用户提出小支桂花陈葡萄酒的需求，他们就马上开始迭代生产新的产品。

海尔"云熙"洗衣机也是经用户通过社群交互，发布需求，形成创意，再由设计资源方提供解决方案，方案成型后再与用户进行交互，确定是否量产，用户预订后实现按需定制的产品。"云熙"一代上线后实现了超过15万台的预售量，短短一年多时间产品三次迭代。依托洗衣终端，海尔从2015年10月起在首都师范大学进行共享洗衣模式的探索，逐渐从"校园洗"扩展为"社区洗"，用户可通过App、支付宝、微信服务号远程下单，随时预约，也可以了解洗衣终端设备的使用情况，操作全程可视化。因为这一共享模式，一台洗衣机的使用效率提高了近10倍。至2018年，海尔"社区洗"共进驻学校、酒店、社区等场所超过1500家。通过共享洗衣服务，海尔又搭建了海狸小管家平台，它不仅成为大学生洗衣服务的平台,还通过聚集大学生用户,演变成大学生的创业实践平台。海尔在日本的中高端洗衣机品牌AQUA,借鉴"社区洗"推出了AQUA商用"社区洗",在物联网技术支持下,用户通过手机即时查询洗衣机空置情况,按需使用洗衣服务,而洗衣机会在洗衣结束后通知用户,用户可以在自己有空的时候进店取衣,更省时间。目前AQUA商用"社区洗"已在日本实现联网机器超过2万台。同时,"社区洗"模式已经逐步向印度半岛、东南亚、北美等市场延展。

类似这样的例子很多,很多受益的企业和海尔没有任何股权关系,但它们愿意入驻海尔的开放平台,因为有大量靠自己计划不出来的商机,在海尔生态圈里可以产生"1+1>2"的效果。

基于共创共享,生态圈除产品收入之外还能产生生态增值收入。比如海尔红酒酒柜,硬件一次性售价几千元,但除了储存酒以外,它还能识别酒的产地、年份,提供餐酒搭配方案。在餐馆里,很多红酒品牌企业通过共享酒柜的模式销售红酒,海尔则从中获得销售分成、广告收入等生态收入,目前这部分生态收入已大于硬件收入,实现了边际效益递增。

海尔生态圈里目前最大的平台是COSMOPlat,它是引入用户全流程参与体验的工业互联网平台,用户可以参与到产品创意、研发及制造的过程中,实现供给端与消费端的并联与大规模定制。以海尔衣联生态为例,通过COSMOPlat构建了涵盖洗衣机、服装、洗涤剂等行业的平台,打通了服装生产、门店管理、服装穿搭护等领域的边界,使服装企业的库存降低了30%,服装门店的销量提升了18%,生态资源方订单量提升了18%。

丹东一家以B2B为主营模式的农业科技公司,之前通过电商平台进行有机大米的销售，希望打出品牌，但很快发现陷入了电商平台的价格战，和那些缺少品控、鱼龙混杂的企业分不出差别。该公司在和海尔COSMOPlat合作后，平台方不仅为其提供了产品全流程溯源的物联网技术解决方案，同时还为其"并联"了孕婴网等资源方，扩大产品与用户交互的触点，实现产品精准到达目标用户。

所有这些鲜活的案例让张瑞敏觉得，"人单合一"和"三生体系"正在帮助海尔引爆物联网时代的社区经济和品质消费新机遇。

今天如果你去了解海尔，会发现"海尔开放新模式"下面有顺逛、U+智慧生活平台、生态用户平台、生态资源平台、海尔互联工厂、海尔创意平台、创客实验室、COSMOPlat平台、智慧生活体验馆等若干个各式各样的平台。当这些平台都能茁壮成长，并且互为依托时，将释放出以前无法想象的能量。

张瑞敏已经努力了十几年，这份艰难和决绝，非常人可以想象。如果不是靠着对"人的价值第一"深信不疑、对共创共赢原则的深信不疑、对"自以为非"的创业创新文化的深信不疑，是走不到今天的。但作为一个骨子里的理想主义者，张瑞敏把这场注定没有终点的革命看作是一份上天的礼物，他说：

> 与其说海尔首创了"人单合一"，不如说"人单合一"选择了海尔。
>
> "人单合一"和海尔都是时代的馈赠和选择，海尔与"人单合一"同为人的觉醒与礼赞！

告诉你一个真万达：创新往往都是被逼出来的

2015年夏天我开始内容创业、专注于研究商业文明的时候，有一个坚定但同时又有些朦胧的想法：

> 未来10年，当中国成为全球最大经济体，当财富500强中国企业数量最多，我们如何向世界讲述自己的故事？

任何商业理论和管理模式都是实践的结果。今天，商学院所传递的知识，很大程度上是欧美日等成熟国家基于它们当初对实践经验的提炼，是当时生产力水平的反映。今天，尽管中国公司在研发创新、社会责任等方面并不让人满意，但不容置疑的是，它们的实践是在一个有10多亿人口、高差异、高变化、高竞争、信息快速流动同时非常国际化的市场上展开的。如果我们相信企业是环境的产物，那么也应该相信，在过去几十年间中国大市场上冲杀出来的强者，一定有某些过人之处，一定有自己的创新，而且放之全世界同行中也是突出的，甚至是领先的。

万达是全球最大的电影院线运营商、全球排名第二的不动产企业、全球最大的五星级酒店业主。万达广场2018年全年的总客流接近38亿人次。过去我写过文章批评万达的狂飙式突进，但从未到万达调研过，也没有采访过万达的哪一位高管。后来有一次我在北京出差，住在万达酒店，在房间里看到一本《万达哲学》，翻了一阵，突然很想了解一下万达广场的模式到底是什么。我很熟悉万科，万科是住宅行业的标杆，万达是商业地产的代表，但它究竟有什么内涵呢？

万达商业规划研究院院长赖建燕从专业角度回答了我的问题。他的讲述使我受益匪浅，特整理出来。

万达怎么看商业地产？

说到商业地产，董事长[1]说过，商业地产既不是商业，也不是地产，也不是简单的商业加地产，而是金融产品，是以零售物业的租金收入为目的的长期投资。如果开发后就卖，不是以租金为目的，那就不是商业地产。商业地产追求的是稳定持续的现金流。

万达集团1988年在大连成立，一开始搞旧城改造，做住宅。后来董事长觉得企业规模大了，员工越来越多，将来的保障是个问题。当时万达有位创业元老患了重病，需要打一种针，一支就要2000多元，总共花了100多万元医药费。董事长就想，如果生病的人多了怎么办？住宅项目的收益是一个项目完成就结束了，而从为大家提供保障的角度，必须做有长期稳定收益的事。2000年年初万达开会，最后定下来做收租型的物业，做大型商业物业，招世界500强和一流国内企业来租，这样就有长期稳定的现金流。

---

[1] 即万达董事长王健林。

目标很好，实际过程却受尽磨难。

比如，刚开始还是房地产开发思维，从银行贷款，贷两年期的资金就做购物中心，结果遇到宏观调控，短融长投的弊端就显现出来，资金链很紧张。万达集团这才明白，做商业地产，最重要的条件是拥有可以长期使用的低成本资金，因为商业地产的回报周期太长。

又比如，2002年万达集团在沈阳太原街做了一个项目，当时对规划设计还不太懂，找了两个专家设计了一条步行街。运营后业户纷纷赔钱，于是他们起诉万达。一下子万达集团有200多起官司缠身。折腾了三四年，万达开了很多次会，最后决定放弃，推倒重来！卖这个项目收了6.1亿元，补偿给业户是10亿元。这让万达认识到，商业地产不是一锤子买卖，讲究的是长期的商业运营，要考虑好运营再设计、再建设。"先租再建、招商在前、建设在后"的原则是血的教训换来的。

2000年，万达做了第一批单店购物中心，2002年做了多业态的组合店购物中心，2004年万达成立了规划院，先进行商业设计，设计完招商，和商家谈判，这叫"订单商业"。按照设计、招商、建设这样的顺序，就避免了货源浪费、无效设计和谈判的风险。2005年万达提出城市综合体的概念。城市综合体的业态，从大方向看，不是向零售走，而是向"非提袋消费"走，也就是向体验走，比如电影院线、"宝贝王"儿童早教。到2018年，万达广场的体验性消费比重已经占到60%以上。这就是万达基本的情况。

从城市综合体到轻资产模式

万达商业地产有很多创新，最大的创新是整体模式的创新。具体来说，就是目前从城市综合体向轻资产模式的转型。

城市综合体是什么呢？就是做商业，在商业边上做酒店、写字楼、商业街、小区，包括和小区配套的中小学、幼儿园等。

要做城市综合体，首先遇到的是金融方面的困难。万达商业一直没有上市[1]，钱从哪里来？这就是问题。如果在国外，可以通过房地产信托投资基金（REITs）融资，但中国一直没有这类基金。万达想来想去憋出了一个招儿，就是通过把销售类物业卖掉，来支撑自持的物业，解决现金流问题。

万达广场几乎没有在城市中心拿过地，都是在城市边缘拿地，因为没钱到市中心拿地。比如宁波鄞州万达广场，拿地时那里是一片稻田，里边都是水蛇。万达建酒店，把客人吸引来；建写字楼，把商务客户吸引来；建商场，把商家带进来；建商业街，把小商户带进来。万达原来的购物中心平均面积是10万平方米，但这样达不到城市商圈的要求，所以再加5万到10万平方米的商铺，形成15万到20万平方米的商业圈，这就达到城市商圈级别了，不是区域级别的，更不是社区级别的。商家、商户、公司进驻完了，旁边还有住宅，这些居民形成的客流回过头又能帮助解决商业的消费。万达把这一地块做起来后，各大房地产开发商争着在旁边拿地。

万达有句广告语，"万达广场就是城市中心"。什么意思呢？是指通过综合体的整个开发运营，拉动当地发展，逐步成为副中心、新中心。万达商业的总裁说，他出差下飞机后从来没往城里走过，都是往边上走，因为城里的地拿不起。但也正是因为这样，万达找到了一个新模式，和城市未来的发展方向对接。虽然现在是荒地，但只要符合未来方

---

[1] 万达商业2014年12月23日在港交所上市，2016年9月20日退市。

向,加上努力,就能把它做成中心。

目前万达商业的轻资产,一种叫投资类,一种叫合作类。投资类就是别人出钱,万达帮别人找地、设计、建设、招商、竣工运营后移交给投资方;合作类就是万达既不出钱,也不出地,觉得项目合适,就跟别人签合同,帮别人建设,建成后租金分成。

按照万达商业地产的模式,再往下发展,就是"万达城"。它的主要物业类型由万达广场变成"万达购物广场+主题娱乐公园",酒店由单个的城市商务酒店变成度假酒店,甚至变成酒店群,每个万达城起码有4家酒店以上;原来做室外商业街,现在变成能旅游休闲的室外酒吧街,酒吧街是"万达城"的标配;有的"万达城"还有医院甚至消防站,配套学校也由单一的幼儿园和小学变得更丰富,有些甚至升级成国际学校。这一系列的变化相当于从城市综合体演变成一个小城镇。

那么谁来"万达城"呢?为了保证人流,接着就要做旅游、文化等相关产业。这是一个完整的逻辑。万达对一个地区的规划和建设,从实力上已经达到能按一座城市的完整功能进行配套建设,并且能形成复合再生互补的产业的程度。这也是地方政府愿意和万达合作的原因,因为万达的模式能带来就业、产业和税收,而且说到做到。

万达广场做大做强靠的是数字化管理

万达广场最近10年加速度发展。2008年开了4个,2009年开了8个,2010年开了15个,2011年20个左右,2012年25个,2013年30个,2014、2015年基本上都是30个左右,2015年50个。2017年年底,万达共运营237个大型商业广场,自持物业达到3400万平方米。2015年,王健林曾在一次演讲中提到,2017年后,每年开业运营的商业广场都将保持在50个左右,平均每年增加的运营面积约达500万平方米。

每新开一个广场,差不多要新增3000多套空调、暖通、排水、电梯("风火水电")等设备,有上万个需要巡检、维护、管理的点位。可以想象一下,这么大规模、这么多设备,要是有个烟头丢在那里引起火灾该怎么办?规模化扩张,速度快,周期短,要是管理跟不上,那就崩掉了。

万达广场为什么没有崩掉,而是越来越大,越来越强?关键是通过制度化、标准化、信息化,走向了真正的数字化管理和智能化管理。

第一步是大规模修编制度。万达原来就很重视制度建设,集团总裁(丁本锡)组织全集团两年编一次制度,从2008、2010年开始,逢双年修编,一直到现在。除此以外,2008年做了第一版建造标准,所有建造标准都对应成本要求。2010年最先实现信息化的计划管理模块上线,集团6大系统17个部门在一起PK了将近一年,把整个商业综合体开发,尤其是万达广场的开发过程,切分成328个模块节点。纵向上,项目从拿地到满铺开业有12个阶段;横向上,从项目管理到销售、成本、人力资源、采购、规划设计、工程、质量、安监等有多条线。纵、横交汇的节点又分成一级、二级、三级指标,对应到不同职级的管理者那里。这些节点和人力资源挂钩,和项目考核挂钩,和财务考核挂钩,通过计算机系统传输到各个相关人的手机终端。只要把某个万达广场的启动时间或计划开业时间输入系统,就可以推算出各个节点的启动和完成时间,每个相关者就知道什么时间要做什么事。

第二步是慧云系统。从2010年筹划,由集团总裁亲自提议并主抓,到2012年万达自主研发完成了慧云智能化管理系统1.0版,2015和2016年慧云系统迭代实现了2.0版和3.0版。它是一个智能化的云平台,将商业广场建设与维护的所有环节、设备集成起来，实现在线化、实时化、智能化管理。比如你在万达广场抽根烟，系统就能及时探测到，并做出是否触发火警的处理。又比如，商业管理部门要在200个广场换某个水泵，系统会每天自动提示当天需要更换的水泵的三维画面、精准方位、厂家信息，甚至能分配好在哪天、哪个时段更换。这就把管理方面的全年工作计划自动排出来了。

慧云1.0版、2.0版是单店的主控管理，对单店的消防、安防、设备、运营、节能五大管理体系的消防报警、暖通空调、公共照明、给排水等16类子系统以及3万多个信息点位进行统一智能化控制。3.0版上升到集团主控管理，每个广场按照15分钟记录一次的频次采集数据并实时上传到位于廊坊的大数据中心，应用及数据库统一集中于云端，每个广场只保留两台互为备份的数据采集服务器。至此，万达总部可以对所有开业的万达广场进行大数据采集和分析。

没有慧云前，维护一个广场的"风火水电"问题，只能派驻工程师，平均每个广场要配43个工程师。有了慧云之后，每个广场设有专门的慧云监控室，工程师可以在可视化的操作界面中，实时监控各系统的运行数据。通过一个按键就能完成对所有弱电子系统的控制，每个广场20多个人就够了，还能更好地保证运行品质，降低运行能耗。截至2018年，纳入慧云系统监控的设备总量70多万台，信息点位700多万个，每年产生运行数据超过700亿条，是全球最大规模的大型商业建筑智能化物业运营管理系统。

每天，慧云自动生成的安全类、设备类、环境品质类等管理指令都会推送给全国各地的万达广场管理人员。管理指令的标准远超对应的国家标准。如室内二氧化碳浓度，国家标准是低于0.1%，慧云的标准是超过0.08%就自动报警；再如照明，慧云按照工作日、节假日、晴天、阴雨天，按照冬季夏季的季节，按日出日落的时间点，按南方北方的区域，根据多年运营经验在系统中设定了一清二楚的时间节点，开闭电完全由系统自动控制。在慧云机房和"风火水电"设备的所有操作点，都有二维码，工程师按照指令操作后，拍照扫码，传到云平台。平台还有"再确认"功能，即通过每个广场的400多个监控摄像头自动拍照——确认某项指令任务是否完成。

第三步是筑云系统。它是基于建筑信息化模型（BIM），但内容更加丰富的云平台。2015年该系统上线，实现了开发方、设计总包、工程总包、监理四方协同工作，对项目从摘牌到竣工交付的全过程进行信息化集成管理，具体包括规划设计、计划管理（将进度计划与BIM模型挂接，实现可视化的进度管理）、成本管理（将工程量和成本数据与BIM模型挂接，实现成本的有效控制）和质量管理（在BIM模型中预置检查点，方便质量管理人员进行质量管理）四大模块。如果说慧云是智能化的运维管理系统，筑云就是数字化的建造系统。

很多同行企业负责人都想弄清楚万达模式，他们原来以为万达就是拿地便宜，执行力强，深入了解以后才发现万达在数字化、智能化方面花了大量心血。这两个系统都是集团总裁亲自牵头抓，董事长多次听取汇报，这"两朵云"的名字都是董事长起的。有了慧云、筑云，加上万达本身的模块化、信息化管理子系统，万达已经可以通过云端完成商业建筑从生产、建造到竣工、质检、运营等全生命周期的管理。所有万达广场的管理，全国一个标准，不达标系统将自动"亮灯"。比如万达广场温度超过26℃，两小时内慧云会发黄灯警示，此时广场的副总和相应责任人将收到慧云自动发送的提醒信息。若超过两小时，则直接向广场总经理发送红灯警报。

正是有了这样的系统，万达的扩张在边际成本上是递减的，不需要增加那么多人手。有了系统，预期也是稳定的。我到印尼和当地最大的商业物业发展商力宝集团交流时，他们说力宝的招商、运营都没问题，最头疼的是工期。而万达的工期，模块要求是18个月到26个月，根据具体参数确定后，说是多少个月就是多少个月，保证按时按点完成。

万达广场的启发：学习曲线与进步函数

听了赖建燕的介绍，看了他的演示，我完全没想到万达广场的数字化、信息化、智能化管理水平如此之高。万达今天为什么能做好轻资产模式，能将自己的品牌和能力对外输出？关键是管理有真功夫，有门道。

赖建燕告诉我，2018年5月万达商业管理集团获得英国标准协会（BSI）颁发的中国首张BIM风筝标志（BIM Kitemark TM）双证证书，分别是设计、施工阶段BIM风筝标志认证及资产运维阶段BIM风筝标志认证。"慧云"在2017年获得了美国IDG（美国国际数据集团）颁发的"2017年数字化转型创新全球50强"，同时也进入了哈佛商学院案例库。此外，万达获得的各类绿色建筑标识已连续5年位列全国第一。自2011年执行首个《绿建节能工作规划纲要》以来，万达连续7年能耗逐年降低，2017年万达商管公区能耗比2016年减少1100万度，相当于减少碳排放8600吨。

赖建燕还向我展示了他们举办的两届"概念商业广场"国际建筑设计竞赛的作品，有很多很棒的设计。比如"Urban Shopping Bridge"（都市购物桥）用USB的概念，寓意未来的购物中心应该减少实体空间，减少消费者选择和购物的面积,而增加个人体验和优质氛围的空间;"漂浮嘉年华"的设计把商业变成灵活可变的载体;"没有商店的购物中心"(A Shopping Mall without shops)展示了从出售物品到出售视觉、体验和生活方式的愿景。在赖建燕看来:

> 一个有理想的商业地产发展商,眼光是朝向未来的。
>
> 在未来,购物、娱乐、休闲、文化、体育的边界可能很模糊,一个空间是购物中心还是演唱中心、赛事中心、游乐中心、展览中心,答案是开放的、无边界的。也许将来的购物中心的四周是固定商铺,中间全都是公共体验空间,洋溢着音乐、诗歌、舞蹈、文学的情调。虽然万达广场目前不可能这么大胆地尝试,但万达人必须拥抱鲜活的思维,保持对未来的好奇心。

和赖建燕的交流让我意识到,王健林领导的万达在过去31年中的努力非常宝贵。其背后的艰辛和探索绝不寻常。万达广场是城市化的推动者,新生活方式的推动者,商业地产的不断创新者,其成功背后,是系统化的资源整合能力、规划策划能力、建设运营能力、数字化管理能力,这些能力才是万达脱颖而出的基石。

赖建燕说:"万达能够做出来,是因为它有多年探索的经历,教训都是拿钱买的。万达为什么有生命力?因为它是闭环,前期规划设计,后期运营管理,运营管理反映的所有问题直指规划设计,后期提问题,前期做修正。如果只给你5次做广场规划设计的机会,你可能无法修正规划上的问题,但如果给你50次做规划设计的机会,你还修正不了,那就说明是你自身的问题。让你做过3个万达城,就能锻炼出合理规划的能力,更不用说万达在全国各地有了那么多的项目经验。我们是在'量'的基础上,练好了'质'。"

这就是中国市场的魅力。它仿佛一个超级操场,无边无际,又有足够的纵深度,只要你勤学苦练,总有地方可练,总能练下去,越练越好,越练越精。中国企业通过"干中学"(实践出真知)和"学中干"(借鉴全世界先进经验),一天天聪明起来,强大起来。

中国市场大,潜力大,所以实践机会多。学习曲线的改进和实践曲线的丰富,息息相关,相互推动。

狭义的学习曲线是个人的学习曲线,广义的学习曲线是融合了技术进步、管理提高、团队协作等单靠个人无法完成的学习曲线。广义的学习曲线也被称为"生产进步函数"。回想赖建燕向我讲述的故事,无论是集团6大系统17个部门在一起PK一年把整个万达广场的开发过程完全节点化,还是慧云、筑云系统把人、设备、物件、时空进度都数字化和在线化,我看到的是一个中国企业对合理化、精细化、标准化、现代化的极致追求和努力。市场的优势和人的优势相结合,形成了波澜壮阔的学习曲线,推动了全要素劳动生产率的提高。这大概是万达对于行业进步的最重要价值,可惜少为人所知。

"眼前多少难甘事,自古男儿当自强。"万达30余年起起伏伏,磐石无转移,靠的是对中国市场的信心,是在耕耘中国市场过程中形成的核心能力。只要通过创新不断为消费者和利益相关者创造价值,万达之路将越走越宽。

有人以聪明为荣，有人以诚信为本，最后呢？

2010年，亚马逊创始人贝佐斯应邀出席普林斯顿大学2010年毕业典礼，并作为1986届毕业生向年轻的学弟学妹们发表演讲。他演讲的题目叫《聪明是一种天赋，而善良是一种选择》，最后的结束语是：

你们要不计一切代价地展示聪明，还是选择善良？

在中国，有一个行业同样经历了这道选择题。

中国人从未像今天这样关注健康，膳食补充剂（VMS）也从未像今天这样成为消费热点，服用这些源于西方营养科学的小小胶囊、片剂，不知不觉成了许多人的生活习惯。随着国民收入的增加、健康意识的强化，自2006年以来，中国膳食补充剂的市场规模每年以20%~40%的速度增长，2012年市场规模已突破1000亿元，2018年成为全球第二大保健品消费市场。这个行业迎来了繁荣期。而与之对应的则是传统保健品的衰落。

20世纪90年代我开始从事新闻工作时，见证过一场场洗脑神品的热潮。红桃K、中华鳖精、生命核能、三株口服液、脑黄金，这些几乎能

"包治百病"的神品,其广告一度霸占了那个时代的电视荧屏。

中国商人从不乏聪明。但是这样的小聪明,让一个行业沉沦,长期抬不起头。

1995年,梁允超和几位事业伙伴创立了汤臣倍健。这位保健品行业的从业者,面对整个行业的浮沉,内心充满了"向何处去"的疑问。由于妻子在美国读书,他决定到美国住一段时间,同时也借这个机会考察国外的行业市场。没想到这一去,发现了一个普普通通却长长久久,而且确有价值的产业,就是膳食补充剂。

按照美国食品与药品管理局(FDA)的《膳食补充剂健康与教育法》(DSHEA 1994),膳食补充剂的广义定义是:(1)旨在补充饮食的产品;(2)含有以下膳食成分:维生素、矿物质、草本植物或其他植物、氨基酸和其他物质及成分;(3)为丸剂、片剂或口服液体;(4)在包装正面标明为膳食补充剂。[1]很多中国人到国外都喜欢买上几大瓶的维生素、钙片等,这些就是膳食补充剂。

梁允超觉得,这是一个可以做长久的事业。

2002年,汤臣倍健将膳食补充剂引入产品体系,并率先系统地将其引入国内的非直销领域。今天,汤臣倍健是这个行业当之无愧的领导者,在零售药店系统,其销售额是同类产品的第二到第十位的总和。

梁允超是有强烈进取心的企业家,但在任何场合,只要谈到行业,他都会说:"膳食补充剂不能替代正常的饮食,它的用途是补充正常饮

---

[1] [美]麦克·罗伯茨. 美国食品法. 刘少伟、汤晨彬译. 上海:华东理工大学出版社,2017:274.

食不足的营养素,其功效应该理性和科学地对待。通过西方营养学原理来重建产品体系,整个过程非常有挑战性,却是十分必要的。"

有意思的是,虽然膳食补充剂不再像当年那样被神化,但这个行业却一直在可持续发展,而且越来越细分化、个性化,甚至成了年轻人也颇为喜欢的时尚产品。2018年的天猫"双十一"购物节,汤臣倍健的产品销售额接近2亿元。在整个社会消费增长乏力的背景下,汤臣倍健2018年前三季度的营业收入和归属于上市公司股东的净利润较上年同期分别增长了近46%和32%。作为行业领导者,汤臣倍健迎来了厚积薄发的新一轮高增长。

这就是选择的价值。

什么是聪明?20世纪90年代的传统保健品竞争,天花乱坠地把"一"说成"十"就是聪明。什么是诚信?实事求是、有一说一就是诚信。

在梁允超看来,诚信比聪明更重要。这是他的口头禅,也是汤臣倍健的价值观。

这是我第一次调研膳食补充剂这个行业。调研从汤臣倍健位于珠海的工厂开始。

这是一座向社会开放的透明工厂,2018年10月被国家旅游景区质量等级评定委员会授予4A级旅游景区。我曾去过沈阳的华晨宝马工厂,它是在2017年被授予4A级旅游景区的。我知道这个等级的分量。

正式到车间参观前,我先看了一部宣传片,其中给我留下最深印象的是,膳食补充剂的各种原材料是大自然这一神奇造物主的创造,某一类原料总是在某些特定国家和地区才有最好的品质。原料质量是产品质量的基础。

汤臣倍健为什么要将工厂，包括办公区、食堂、仓库等完全透明化呢？副总经理蔡良平说，2010年年初，东莞一个连锁药店的经销商，开了两辆大巴，带着一大群店长、店员来参观，看见货真价实的原料非常高兴，大家纷纷拿出手机拍照说："我终于有底气跟消费者说，汤臣倍健取自全球的原料是真的了。"由于从全球采购原料，周期长，而市场发展快，买一吨原料制成产品进行销售后，市场需求的快速增长导致很快又需要两吨原料。由于来不及进货，汤臣倍健有时会断货。而不少经销商不相信真会断货，觉得"从全球最好的供应地买原料"，这不过是说说而已。这次眼见为实，他们才信了。

"过去行业很乱，导致你真心做的事，社会也可能不信。所以在设计新厂房的时候，我们就有一个理念，一定要让消费者和经销商看到汤臣倍健的原料是真的，而且看到整个生产、检测、仓储、物流的全过程是非常现代化的。"

我在现场看到，所有原料的产地都公开贴出，供应商名录也公开，比如乳清蛋白供应商是新西兰的恒天然集团。所有这些信息同行都看得见，消费者在官网上也可以查询。比如买了一瓶产品，把名称跟批号输入，就可以查到用的是哪个国家的什么原料，什么时候采购的；输入某个原料名称，可以查到是从哪个海关在何时入关的，哪个检验检疫局检验的，进了几次，每次数量多少。海关通关证书和检验报告书都可以查到。这批原料做成了什么批号的产品，销到哪里，也一清二楚。

汤臣倍健2012年推出的透明工厂已经成为行业标杆，很多上市公司，特别是准备进军膳食补充剂的药企，也包括养生堂这样的食品企业，都到这里学习借鉴。整个行业的生产水平因为汤臣倍健而提升了一大截。

在工厂参观过程中，我记下了一些感兴趣的细节。

第一个是全球原料。"全球原料"的核心是在全球范围内挑选最优质的原料。如何判断"最优质"？那就是只有某个地方的环境、气候、土壤条件可以生长出某种最好的东西。比如新西兰奶业发达，那里的环境和气候，决定了其奶源非常纯净，它还有几百年的奶制品工业化经验和技术沉淀。所以汤臣倍健在这方面的原料首选新西兰。然后再选企业，新西兰有好多企业做奶产品，选谁呢？选当地在质量管理上最优秀的作为供应商。又如巴西的绿蜂胶含有独特成分，和别的地方的蜂胶就是不一样，于是蜂胶首选巴西。再选择在蜂胶提取、分离、纯化工艺上更成熟、质量更稳定的企业作为原料商。据2018年的统计，汤臣倍健的原料来自23个国家的100多个著名供应商。

第二个是原料、成品全检。按国内外监管部门对膳食补充剂的要求，不需要每批原料都检查。但汤臣倍健的考虑是，膳食补充剂是配方产品，有可能出现某种不合格原料和其他原辅料一起压成片之后，成品反而是合格的情况。但这样会存在风险，很可能一次事故就砸了牌子。所以汤臣倍健按照药品的检测标准，对原料和成品全检，一批不漏。检测设备很贵，比如每一组液相检测都要好几十万元。检测中心有90个员工左右，占整个工厂人数的10%以上。

第三个是瓶盖设计。瓶盖设计的学问很深。常规瓶子里有一个铝塑膜，使用时撕掉，撕掉后可能盖不严，产品容易受潮，而汤臣倍健在考察了多个国家的生产工艺后，发现德国的三色瓶盖专利技术有可能实现保证瓶盖打开前后的密封性一模一样。于是，他们2012年到德国，和厂商合力研发，直至2014年，才终于开发出新瓶盖。13毫米的绿色撕拉环拉手，无论老人小孩都能轻松撕开。打开后是一个较长的内盖和一个特殊材质的绿色密封环。外盖、内盖、瓶口、密封环，共同打造出高度的气密性，带着去游泳也不用防水袋。为了改良一个瓶盖，汤臣倍健在设备投入方面就花了4000万元。

第四个是技术。膳食补充剂的生产，看起来简单，但简单并不代表容易。比如有些产品是复合配方，多个成分组合在一起，如果弄不好，根本生产不出来。这背后牵扯到营养成分、辅料、设备、工艺参数等因素，要融合在一起达到最佳状态才能生产出优质的产品。同时，生产效率也很重要。蔡良平说："如果你生产半天只能压10万片，而别人一小时能压35万片，那就代表你的工业化水平不行，生产成本会非常高。这就要选择全球高水平的设备，还要有优秀的工业化管理，才能保证效率。"

我虽然调研过不少有全球竞争力的中国公司，但一直认为，在和人的饮食特别是婴幼儿相关的饮食方面，中国公司很难建立起全球影响力，主要是过去出过三聚氰胺等不少食品安全问题，让国外消费者一想到中国产品，就会出现不佳联想。

在汤臣倍健，我想知道，在膳食补充剂领域，中国企业有没有全球竞争力？调研后，我的答案是肯定的。

第一，汤臣倍健坚持走一条差异化的高品质道路。目的是要在中国乃至全球树立起膳食补充剂的新形象，克服整个行业的历史遗留问题的困扰。而膳食补充剂领域的国外大公司，几乎无一例外都采取总成本领先战略，追求大批量、低成本、广覆盖。而汤臣倍健怕消费者不信任中国产品，所以用全球最好的原料、最好的设备、最好的品控，做最好的产品，为此不惜工本。梁允超说："国外的大厂我们都去过，它们的条件并不如想象中先进，管理标准也没有我们严格。举个例子，国外的某厂说用了某某原料，而我们就是这种原料的客户，知道它一共只有那么多产能，不可能供给那家厂，所以他们的话也不可全信。相反，我们自己做得好，有的消费者还将信将疑。但我相信，只要汤臣倍健长期坚持差异化品质战略，其全球竞争力终有一天会厚积薄发。"

第二，国内具有更加高效的智能生产条件。和国外膳食补充剂企业相比，中国制造和中国智造有着后发优势。汤臣倍健2019年建了一条新的生产线，实现完全的连续化生产。过去的完整生产大概需要5～7天，以后可能2～4小时就行了。国外企业活得很舒服，不用挖空心思去创新生产流程，而中国企业时刻都要准备面对更严峻的挑战，所以对效率的要求更高。汤臣倍健的"保健品行业连续化生产智能制造示范应用"是首个获得工信部批准的国家级智能制造项目，未来会有更多类似的大数据应用，让这个行业的生产更加灵活和精准。

第三，中国的监管严于全球平均水平。在膳食补充剂这个领域，欧美的监管比较松，而中国很严。汤臣倍健的高管比较过自己的透明工厂和国外同行的工厂，前者的水平明显是更高的。

第四，中国的市场环境更能激发企业创新。汤臣倍健创办以来一直以线下渠道为主，但随着电商、跨境电商的发展以及消费者偏好的变化，过去两年加速变革，采取了"大单品"（要求年销售10亿元以上规模）、电商品牌化两大新战略，2018年又相继收购了澳洲益生菌企业Life-Space集团和拜耳旗下的儿童营养补充剂品牌Penta-vite，所有这些创新的举措在市场上都取得了很大成功，也打开了细分市场、跨境电商和国际市场的新未来。同时，汤臣倍健开始对标辉瑞、达能这样和消费者健康相关的企业，这意味着汤臣倍健的未来，除了做大膳食补充剂市场之外，向上可能进军医药领域，向下可能进军普通食品领域。这就是中国大市场所给予企业的想象力。

在汤臣倍健，我看到了一个企业的成功，以及由其所带动的行业的健康发展。

所有成功都有理由，但随随便便就能成功，这样的概率越来越低。

今天汤臣倍健的规模已经很大，2018年前三季度的利润有10多亿元。2003年、2004年明确"全球原料"的时候，汤臣倍健的销售额才几个亿，但就是在那时，它下定决心走差异化之路、诚信之路，一路坚持，为这个行业正了名，并让自己在全世界建立起了良好的口碑。

保健食品曾是一个口碑最有争议的行业，但因为有一个坚守诚信价值观的企业来领头，真真正正用行动兑现承诺，支撑出了向上发展的空间，这个行业的前途被完全改变了，成为消费升级的朝阳行业。这正是事在人为，正道光明。

在一次出差途中，梁允超拿出纸笔，一气呵成，将"诚信比聪明更重要"细化成八大质量控制理念，他说这是汤臣倍健生存和发展的压舱石：

1. 国家标准和法规仅仅是一个最低的要求和底线，我们要全面高于国家的标准。

2. 违规的红线不能碰、不能想，不能有侥幸心理，想了都有罪。不但法律法规上不能违规，而且即便不违法违规，也同样不能干。

3. 舌尖上的企业就是刀尖上的企业，头顶一把刀，天天如履薄冰，不敢有丝毫松懈。质量是食品企业的生命线，市场可能连一次弥补错误的机会都不会给你。

4．质量问题归根结底是企业"人品"的问题，而不是钱和技术的问题。人在做，天在看，对每一个生命永存敬畏之心。

5．以任何冠冕堂皇、高大上的理由去牺牲质量或增加质量方面的风险，就是在耍流氓，包括以效率、效益、成本、市场断货等因素为借口。一切都要为质量让道，任何理由在质量面前都不应该成为借口。

6．确保品控的专业权威和独立性，与业务切割开。

7．字字践行"不是为客户而是为家人和朋友生产全球最高品质营养品"的理念和品牌DNA。自己的小孩、家人和朋友不敢吃的产品，不能生产，更不能出厂门。

8．诚信比聪明更重要，诚信乃汤臣倍健立业之本，100吨重的诚信之印[1]就是一面明镜伫立在面前，警示着汤臣倍健每一个人。

100吨重的诚信之印，是用一个废弃的火车头炼铸而成的，坐落在透明工厂草地中央。草地上的图案是一幅世界地图。

欲戴王冠，必承其重。欲赢得世界，从诚信开始。

这是沉甸甸的责任。一路担责者，才会体验到别人无法体验的满足和快乐。

---

[1] 在汤臣倍健珠海透明工厂前，树有一尊名为"诚信之印"的雕塑，重达102.28吨。

中国巨石"入埃及":一个有关韧性和弹性的故事

逼上梁山

2010年前后,全球产能最大的玻璃纤维企业掌门人、《福布斯》中文版2009中国上市公司最佳CEO、中国巨石股份有限公司(下称"巨石")总裁张毓强的心头总是挂着一件事,就是欧盟的反倾销。

2009年12月17日,欧盟发布公告,对中国输欧长丝玻璃纤维发起反倾销调查。2010年9月16日,初裁税率为8.5%到43.6%。自此,欧盟对中国玻纤产品的反倾销、反补贴就没有停止过,而在所有涉案企业中,巨石因为出口量最大,涉案金额也最多。2010年那一次,欧盟对巨石最终加征的"双反"税率为24.8%。

"巨石对欧盟的出口,原来1吨关税是7%,反倾销之后是31.8%。而我们的利润只有十几个百分点。所以当时的情况是,要么丢利润,要么丢市场。我们不可能亏钱做买卖,那就要丢掉市场,因为加关税后就没有优势了。我这才意识到,巨石虽然产能是世界第一,但不是世界级公司,不是跨国公司,因为产能太单一,都在中国。巨石走出去搞国际化,是逼上梁山。"张毓强回忆说。

按照"地理上贴近欧盟又不在欧盟、不受反倾销影响"的标准,2010年巨石开始寻找海外投资建厂之地。巨石的总部和国内主要生产基地都在浙江嘉兴的桐乡经济开发区,和浙南的温州人乐于闯世界不同,浙北嘉兴一带的人们酷爱家乡,安土重迁。张毓强说:"国际化的关键是人才,当时我们国际化人才很少,要派人出去,有的家属就不同意,说你要出去就离婚。可是没办法,只能在通往国际化的道路上学习国际化。"

不毛之地

当张毓强因为反倾销忧心忡忡时,在几千千米之外的埃及,有个中国人也经常发愁。他叫刘爱民,是中埃·泰达苏伊士经贸合作区董事长。合作区在开罗东部120千米开外,是一片不毛之地的戈壁。5千米外是红海,开车10多分钟可到达因苏哈那港,但离最近的城市苏伊士还有40多千米,生活配套设施必须自建。

中埃两国在苏伊士省的经济合作可以上溯到20世纪90年代中后期。1997年两国签署政府间谅解备忘录,确定中国帮助埃及在苏伊士西北地区建特区。1998年年初,国务院指定由天津经济技术开发区(TEDA,即泰达)参与合作,带有政府援建性质。从1998年到2008年是第一期建设,泰达只占合营公司10%的股份,没有主导权,只是提供咨询服务,自主开发的主动性也不太强,园区没有什么实质性变化。直到2007年,泰达在埃及政府组织的苏伊士经济特区项目全国公开招标中中标,在新合作运营公司中持股80%,园区才真正通过商业化方式启动。

刘爱民就是在合作区二期建设开始时来的。他带了10个中国员工,选了1.34平方千米作为起步区先行建设。他回忆说:"我们刚来时在海边租了一套别墅,听起来很浪漫,其实很简陋。有段时间,自来水每天只供应一两个小时,早上起来第一件事就是刷牙洗脸后用大水桶和杯子接满水,晚上回到别墅已经10点多,一身臭汗,身上都是味道,用水擦擦就算洗澡了。饮食条件也不适应,我们的中国厨师曾一拍拍死过53只苍蝇。每天吃得也很简单,就是白菜炒土豆,土豆炒白菜。"他还常常跟下属讲曾国藩的一段话:"呼吸相顾,痛痒相关,赴火同行,蹈汤同往,胜则举杯酒以让功,败则出死力以相救。"每个人都能背下来。

经过一年多的努力,刘爱民团队对接埃及施工方,盖了6座厂房、1栋写字楼、1间酒店等。但他的心里依然在打鼓,因为如果没有企业入驻,基础设施和景观做得再好,也是死气沉沉的空城。

恰恰在这时,后来对园区产生了转折性影响的巨石出现了。

突如其来

2011年,张毓强的得力干将、具体推进巨石国际化的副总裁曹国荣到埃及探路,在几个选点中选择了泰达苏伊士经贸合作区。他向张毓强汇报,这里基本上可以就地解决生产玻璃纤维的原料问题,比如:石灰石、石英砂、高岭土等;电价便宜;天然气价格和产气国家相比不便宜,但和国内比便宜;当地劳动力成本低廉,人口多达9600多万;虽然埃及国内没有玻璃纤维和复合材料的应用市场,但产品很容易运到欧盟,1吨玻璃纤维运到德国只要30美元,而从国内出发的运费要100多美元。最重要的是,埃及不涉及欧盟的反倾销问题,为积累外汇埃及还对出口创汇企业实行100%退税。这都是在埃及办厂的有利因素。

张毓强决定在埃及建厂,短期看是为了规避反倾销,从长远看,随着北非经济的发展,以后这里也是一个大市场。欧盟整个玻纤市场的规模是170多万吨，张毓强希望巨石拿下10%的份额，2012年最终确立了"埃及巨石要用7到10年实现20万吨产量"的规划。2012年1月开始土建，2013年年底第一条池窑拉丝生产线试产，2014年5月18日正式投产。2016年7月二期投产，2017年9月三期建成投产，2018年相关配套项目陆续投产，至此，年产20万吨玻璃纤维的生产基地全部提前建成。

由于巨石埃及项目的设备采购主要来自中国，也是对中国内需的拉动，所以整个审批过程很顺利，经商务部批准，外汇管理局同意换汇，巨石在埃及成立公司，又在花旗银行开立账户，于2012年开始运作。

巨石在国内建一条生产线一般用一年时间，在埃及上的第一条生产线用了差不多两年，最主要的原因是建设初期埃及就爆发了革命，长期执政的穆巴拉克被推翻，政局一片动荡。巨石在埃及总占地面积26万平方米，一座厂房一层面积就是6万平方米。当时刚建好一座水池，中国大使馆官员来联系，说国家如果最后决定撤退，巨石的工厂就是一个撤退点，因为这里有场地、有水、有粮食，离红海也近，中国军舰会来接应，到时让附近所有中资人员都在这里集中。当时的确也有中资背景的企业已经撤走——从此再没有回来。

张毓强说，投资前所有问题他都考虑过，但政局因素完全没想到。他一度也有很大压力，因为有人说，巨石在埃及的初期投资就是两三亿美元，不是个小数目，弄到这么一个"前不着村后不靠店"的地方，太"别出心裁"了。"当时我的想法就是义无反顾，一路朝前，没有任何退路，如果打退堂鼓，前功尽弃，永远也别搞国际化了。最重要的就是加快推进，尽快投产，而不能等埃及革命结束了再干。投产过程中有原材料、质量、成本、产品结构等问题，但最重要的还是客户的认可问题，因为我们的很多客户都是世界500强，换一个地方生产要重新认证和评审,所以有一年多时间库存积压得也比较多。等认证和评审通过,2014年之后一切就正常了。紧接着上了第二条生产线。后来又利用空闲的土地建了一条小生产线,因为市场认可、客户评价很好,产量很快又不够了,所以要抓紧再上一条生产线。"

百折不挠

突如其来的埃及革命,让在埃及打头阵、一干就是三年的曹国荣猝不及防。他的压力很大。因为厂址是他选的,当时大家的意见并不完全统一,"胜利了就名垂千古,失败了就遗臭万年"。

曹国荣说,这个选址是泰达方面推介来的。别的地方也去看过,但有的是面积不够,有的是长宽条件不够,这里总体符合要求。虽然是荒地,但10千米之外就有电力供应,2千米外有天然气供应,只有水要自己想办法,但埃及方面也口头答应会办好。埃及政府的电力部部长也拍着胸脯保证电力绝对没有问题。

具体开始办的时候才发现并不容易,一切都要审批,特别是作为埃及战略资源的电,要工业发展局(相当于中国的"发改委")批准。曹国荣每天和一名翻译、一名同事就坐在工业发展局的接待室,这一坐就是整整两个月。后来局长本人虽然同意了,但科长不同意,最后表示只能给8兆瓦。而巨石的要求是15兆瓦。这样一来,相关设备的集装箱也只能在港口滞留,因为进来了也可能没用。

曹国荣刚到埃及谈投资时,在开罗看到一些中国来的个体户搞大理石切割,有的房间连屋顶都没有(当地下雨少),就一台机器在轰鸣;中国人开的一些做出口服装的小工厂,工人工作条件很差,这都影响了中国企业的整体形象。

因为科长不同意，所以曹国荣只好想办法又找到了国际合作部部长——一个很厉害的女部长，她打电话给局长，说这涉及中埃经济合作，必须批。局长答应了。第二天又去，科长还是不同意。这时土建已经如火如荼地开工，三个埃及施工队已经进场。埃及革命了，他们没活干，宁愿先给巨石干，等巨石项目完全批准后再结算。最后，万般无奈之下，曹国荣和泰达方面的人给总理府写信，埃及临时政府总理接见了他们。这位总理在2012年8月辞职的前一天，把投资部、贸工部、电力部等负责人召集到一起开会，给贸工部、电力部下了死命令，电力部最终批准了12兆瓦的电，虽然达不到15兆瓦要求，但巨石可以通过技术创新和节电来解决缺口。总理说："我下台前干的最后一件实事就是审批你们的需求。"

曹国荣拿到批文，到离巨石工地10千米的变电站接电，结果又遇到了问题，苏伊士电力局说它没有审批权，需要到伊斯梅利亚电力局批（伊斯梅利亚是苏伊士运河管理委员会所在地）。于是再跑。10千米很短，但涉及铁路、公路和其他工厂，要经过十几个部门审批，再开挖、地埋。厂区终于在2013年9月正式通电。

水的问题也曾经发生过危机。到2013年9月，1000多人的用水就靠一个水池。有一阵水量不够，饭也没办法做，卫生间也冲洗不了，员工"造反"，厂方只好借了槽罐车从外边拉水。同时再向政府申请，根据勘探的水文条件打井，并运用海水淡化技术，最后保证了用水要求。

"埃及不是阿富汗、伊拉克，革命后乱了一阵，军方控制了政权，慢慢就平息了。我们也通过自己的工作让埃及政府看到巨石的现代化生产水平、环保水平和管理水平。埃方到桐乡总部也考察过，发现埃及的巨石和总部的条件一个样，就真正放心了。因为巨石，埃及成为全世界第五大玻璃纤维生产国,并在巨石的帮助下开始制定行业的标准和规则。"曹国荣这头"开荒牛"终于放心了。

水乳交融

工厂建好、设备装好、电气水保证好,就要搞生产了。巨石通过各种方式招聘本地员工,包括在Facebook上打广告招大学生,将他们送到中国桐乡的总部培训。开始投产时,国内派了一两百人到埃及,从技术到生产顶在第一线,然后逐步退出。不过每年总部仍然派人到埃及进行技术培训和指导。

2018年,巨石埃及的员工总数1708人,埃方人员1659人,中方49人,本土化率达到97%以上。高管7人,埃方已经有2人;中层以上管理人员49人,埃方32人。张毓强说:"本土化最终是人才本土化。如果都是我们的人在管,那不等于把我们的工厂和人搬到国外吗?这不是国际化,也做不到国际化。"

埃及员工本身的纪律性不强,相对比较懒散。巨石所在的苏伊士省处于埃及北部,相对发达,人员素质相对较高。但在当地招不到足够的员工时,就要从南部招工,而南部的工人素质不如北方。一开始每天都有二三十个人不来,做不到准时准点。而且他们工作10天要回家5天,再回来往往迟到。即使设立了"全勤奖",也无法起到激励作用。而且他们一旦拿到工资就会很快花掉。巨石的月薪发放制度原来是每月18号发上个月的工资,埃及员工反对,后改成3号发放,还是反对,只能1号发。因为这天有的人要交房租,有的要买米,倒逼巨石的产量计算截止日改成每月25号,据此进行考核。改成1号发工资,巨石没事了,银行又"造反"了,因为所有人的钱打到银行卡上后,银行里人山人海,挤来挤去，和银行的人难免吵架打架。

巨石提供的薪资水平在当地属于中上水平，埃及的基层员工月薪大致在三四千埃及镑（1埃及镑约等于0.43元人民币），中层1万多埃及镑，高层2.5万埃及镑左右。但是即使如此，还是有不满意的和挑事的员工，因薪资问题发生冲突。

面对这些问题怎么办？张毓强从不戴"有色眼镜"，而是客观对待。他说埃及人是比较懒散，但还是比较讲道理的，也比较遵守规章制度。所以关键是要站在埃及员工的角度想问题，这才是真正的本土化。

在巨石埃及，公司经常组织拔河、运动会、足球比赛，加强文化融合；食堂分为中国食堂和埃及食堂，确保埃及食堂的清真；中方干部以身作则，要让埃及员工做的事，自己先做到最好；加强正面引导，培养晋升和奖惩的文化，一些埃及员工从拉丝工升到组长、工艺员、车间主任，收入就大大增加。一个2011年毕业、2012年通过Facebook的招聘广告进入巨石的大学生索里曼从工艺员做起，已经成长为总经理助理。埃及本地的公司讲等级，很固化，而在巨石，晋升机会很多，每个人只要好好做都有希望升职。通过各种文化融合的手段，埃及员工的工作责任心提高了。发生意外停电时，拉丝机不能工作了，必须手动把丝掰开，有的埃及员工能够掰上一夜。

曹国荣说："讲文化不是只要求别人尊重你的文化，而是你也要尊重别人的文化。这一点特别重要。"

强者自强

在张毓强对巨石未来5年的规划中，有一个"全球化230项目"，就是海外资产占比要达到巨石资产的30%，海外收益要占到总收益的30%。

达到两个"30%",这才是跨国公司,才能适应当今变化着的国际贸易秩序。埃及巨石的成功给了他信心。目前,埃及巨石总投资已经超过6亿美元,不仅建成3条池窑拉丝生产线,矿粉原料、包装材料、化工原料等配套项目也已经全部到位,项目年产值超过2.2亿美元,出口创汇近2亿美元,4年累计向埃及政府交税3.1亿埃及镑。

在中埃·泰达苏伊士经贸合作区,巨石是最成功的项目。巨石入园并带动一批上下游企业进入后,整个园区变得生机勃勃。早在2013年,起步区1.34平方千米已全部建成,2016年,占地6平方千米的扩展区也开始启动建设。截至2019年,合作区已入驻企业80余家,累计吸引投资超过10亿美元,为当地创造就业岗位约3500个。

在"一带一路"上,巨石埃及宛如一颗耀眼的明珠,熠熠生辉。

巨石为什么能够成功?归根到底一句话,就是在商言商,强者自强,充分发挥企业家、创业者的作用。具体而言,有以下5点:

1. 从生产要素配置的角度,具备市场合理性与经济合理性。张毓强说,埃及具备生产要素条件,只是保障系数、安全系数没那么高,比如供电的稳定性,但你不能什么条件都具备了才来,那就没有机会了。

2. 作为母体的中国公司有强大的、系统化的管理能力和人力资源等方面的支持。巨石是中国制造业的一颗明珠,虽然由于行业特征不为众人所知,但在行业里一直被同行视为"神一样的企业",因为它能做出难以想象的利润水平,在管理精细化、自动化、现代化方面精益求精,深受全球客户的信赖。遇到再大的困难，母体也可以派出力量进行支援。

3. 强大的企业文化。对公司的无比热爱，做一件事的态度、执着和信心，从我做起的榜样的力量，绝不后退的韧性与坚持，这一切使得同样的一件事、一个机会，别人抓不住，甚至认为不是机会，而巨石能抓住。巨石在工作上严格要求，在生活上则无比关心员工。张毓强给曹国荣的嘱托，最重要的一条是保证人的安全。人是第一重要的。所以巨石一开始就派出中国厨师，千方百计让员工吃好。由于管理者远在国外，张毓强甚至承诺，家属可以在家专心带好孩子，公司会专门发放家属补贴。

4. 从战略和文化上真正做到对投资国负责。巨石投资埃及不是权宜之计，是全心投入，污染做到"零排放"，投产时的设备和技术都是最先进的。在文化上，对埃方员工真正做到换位思考和尊重。

5. 不惧怕问题，而是把问题当成进步的阶梯，义无反顾地走下去。作为一家制造业的代表性企业，巨石在行业内虽然有着丰富的经营管理经验，但从原材料开始的每个环节，总有这样那样和预期不一致的问题（如原材料的矿物质含量有差异），这时不可能指望谁来帮助你解决问题。有人只能看到问题，张毓强则能从中看到机会。他的名言是，人最大的缺点是不相信自己，人最大的优点是能看到自己的缺点并改进。有人说，埃及本身没有玻纤市场，要等很久。张毓强说，处女地一旦启动，埃及一旦兴起建设高潮，就会带动建材工业，所以机会还在后面呢。现在巨石埃及每吨产品的单位利润高于国内水平，这还是在埃及对电、天然气和水的补贴逐步下降的情况下实现的，这就是对这个项目价值的最好说明。

金石为开

在中埃苏伊士经贸合作区，我碰到了国家开发银行埃及代表处的负责人，此前他在巴西工作过5年。我们交流了"一带一路"建设中一些项目的得与失，比如一家央企在巴西收购的农粮企业就落入了"陷阱"。在巴西，买地容易，种粮容易，运出去难。因为交通和物流条件很薄弱，只弄好一个环节没有用。但尽管"一带一路"建设中有部分中国企业交了一些学费，可是天下哪有唾手可得的资源等着你收获呢？好机会早已被发达国家采摘过几轮了。中国自身比较局限的资源条件、日渐上升的要素成本以及全球反倾销、反补贴的压力，倒逼中国企业必须建立全球意识，进行全球布局。像巨石这样的企业如果不走出去，会被憋死。

全球化不是歌舞升平，不是绿草鲜花，而是充满了风沙和大浪。但走过去后前面就是海阔天空。麦肯锡公司2017年发布了关于中国企业在非洲的"龙狮共舞"的报告，他们推断整个非洲大陆的中资企业超过1万家，其中90%是民营企业，总共创造了数以百万计的本地就业岗位，而且总体看属于市场化的行为。据估算，在非中国制造企业的年产值占非洲制造业的12%，中国企业在国际承包商的工程建设市场更是占据半壁江山，且大部分企业都在盈利。

当我看到欧洲市场的大客户和张毓强在招待晚宴上满饮一杯杯红酒时，我想起他的一句话："酒桌不是战场，你以为醉了的人其实都很清醒，本质在于你能不能为客户创造价值。"只要中国企业能创造价值，有核心能力,就有话语权。

我在埃及的采访中,问了很多中方高管(现在已经是第四任总经理了):"你们最大的收获是什么?"最多的回答是"抗压能力",做成一件事,内心强大了很多,所有付出都是值得的;其次是"真正理解了本土化"。

在红海之滨、戈壁之上,我看到了中国公司像玻璃纤维一样坚韧的力量,他们身上也有长征的精神和上甘岭的气魄;在国际化和本土化交融的过程中,我看到了中国人的圆融和柔软,以及懂得尊重对方的"和"的力量,加上技术、管理等方方面面的过硬本领,使得中国制造的"走出去",可行亦可为。

电影《出埃及记》中的主题歌唱道:"我虽只是一个人,但当你与我相伴,在主的庇护下,我知道我能变得坚强。"中国巨石"入埃及"的故事,震撼了我,更打动了我。在国际化征程中,精诚团结、不屈不挠的中国企业家和中国制造者,不仅自己变得更加坚强,也在用每一步脚踏实地的开拓,带给我们"金石为开"的力量和希望。

跳出华为看华为：冷静就是力量

我曾听一个制造业内的中国企业家讲过这样的故事：

创业初期，我和总工程师到美国一家全球领先的工厂考察，对方不许拍照，我们就分工，一个专门看生产线的布局，一个专门看设备的构成。一回到酒店，两个人就赶紧凭记忆把图纸画出来。20年后，我们的企业成长为全球领先企业，生产方式、关键技术都有自己的专利，和美国公司平起平坐，各有优势，而且已经到美国投产。

还有一个在医疗领域归国创业20年的企业家对我说，他们公司之所以能用20年时间跃居世界前列，是因为当初他在美国工作时就在这个领域做研发，起点就是前沿水平。回国后也没有闭门造车，而是以开放的心态和世界顶级竞争企业对标，通过技术合作、并购等方式整合资源。2015年，他们的科研成果登上了权威医学刊物《柳叶刀》。

这些年我听到和看到很多这样的案例。

事实告诉我，只要中国企业和国外企业拥有近似的知识和技术起点——我称之为"具有资源一致性"，中国企业就能够在和国外企业的竞争中，利用自己庞大的市场优势、成本优势（原来是劳动力红利，现在是人才红利）、制造优势和配套优势，加上政府的支持，逐步赶上去，甚至取得竞争优势。

这种优势不仅是成本意义上的，也表现在效率和体验上，在某些领域还表现在创新上。这种优势不仅表现在中国市场上（比如互联网应用市场），也表现在国际市场上（比如华为公司参与海外竞争的事例）。当然，目前中国的互联网市场上没有谷歌、脸书，但之前QQ和MSN、淘宝和eBay的竞争说明，中国公司并不惧怕竞争。苹果公司是一家伟大的公司，但在中国，"华米OV"（华为、小米、OPPO、vivo）在市场上的份额也越来越大。

中国的市场优势不只是规模大，还表现为中国有巨大的愿意尝试新生事物的用户群体，特别是在数字化创新方面。这里最典型的案例就是移动支付。

中国的创新，距离世界先进水平还有很大差距。以电子产业举例来说，中国能生产全球40%以上的4K电视机、75%以上的智能手机、80%以上的电脑，但其中的芯片主要靠进口；中国模具产品使用寿命一般较国外先进水平低30%到50%；工信部对30多家大型企业130多种关键基础材料的调研结果显示，32%的关键材料在我国仍为空白，52%依赖进口；在高档数控机床、高档装备仪器、运载火箭、大飞机、航空发动机、汽车等关键精加工生产线上，95%以上的制造及检测设备都依赖进口。

但是，中国创新的奇点可能已经来临，创新正在加速，势不可逆。

中国创新为什么能够崛起并开始加速？英国牛津大学社科领域首位来自中国的终身教授傅晓岚的实证研究表明，这是因为中国基本走上了开放式国家创新系统之路。所谓开放式国家创新系统，是对国际知识、资源和市场开放的国家创新体系，其特征有四：

一是拥有双重的知识来源。虽然该系统旨在培育国内创新能力，但从研究到发展到商业化整个创新链条的各个阶段，对外部知识和生产知识的资源都是开放的。

二是拥有包括国家、私营部门和跨国公司在内的多种驱动力量，并将国家政策和市场结合起来以引导创新的发展方向和资源分配。

三是同时包含了由外而内（Outside-In）和由内而外（Inside-Out）的两种开放创新模型的分支。

四是强调对多个知识扩散渠道和多渠道、多层次知识获取策略的合理利用。

从历史看，改革开放前，中国的科技系统是跟随苏联模式建立的封闭式创新系统。改革开放后，中国对外部知识有高度的开放性。一开始主要是吸收外国的知识和技术，20世纪90年代后，在保持对外开放的同时，开始强调自主创新，在这一过程中采取了发展中国家不常见的非常规渠道——例如直接跨境投资、收购技术、与国外大学进行国际创新协作、吸引高技术人才移居或回流到中国——通过这些方式，中国在知识获取方面的表现更为活跃，这为中国带来了新的竞争力。

这里不能忽略的是，中国公司对于外国知识和技术的开放性吸收，只是它们取得成功的一个方面,或者说,只是一个开端、一个方向性的引导。我和不少中国的代工企业负责人交流过,他们告诉我,大量的"know-how"(技术诀窍)、隐性知识都是在实践中摸索出来的,它们会远远超出国外品牌在一开始的要求和规定。很多中国代工企业后来都"独立"去做自有品牌,这是因为它们不仅会代工,而且代着代着,自己根据市场变化进行灵活反应的能力也提升了,学着学着,也学出自己的门道来了。

在某种意义上,华为从2G时代跟随上路到5G时代成为领导者的位置演化,就是不失自主性的开放式创新的结果;是长期为市场服务、从市场中获得灵感的结果;是高度聚焦、整合全球科技资源在战略聚焦点上形成突破的结果。傅晓岚教授曾经花了5年时间研究梳理华为的模式,她说:"他们(华为人)与供应商、当地大学和客户合作,在这个过程中,他们向海外市场学习,并向总部输送创新和知识。"经过持续努力,华为在5G方面已经走在世界前列。2018年11月,在伦敦的"全球移动宽带论坛"上,英国电信首席架构师Neil McRae说,华为是目前唯一真正的5G供应商,华为在5G技术方面的领先优势明显。

美国司法部于2019年1月28日宣布对华为提出23项刑事起诉,并以一桩旧案为由向加拿大提出引渡华为首席财务官的请求。23项指控围绕两件事:一是声称华为下属公司曾与伊朗进行了数百万美元的交易,并为此向银行提供了虚假说明;二是搬出了华为几年前"窃取"与其合作的美国公司T-Mobile的一项检测智能手机的机器人技术一事。对于前一项指控,华为29日再次声明予以否认。而后一项指控,美国法院2017年已做出民事裁决,控辩双方实现了和解。

同时，美国商务部部长罗斯说，这些刑事指控案件与正在努力进行中的中美贸易谈判"完全没有关系"。

美国对华为提出刑事起诉后，华为迅速发出声明，这个声明冷静中蕴含着强烈的失望。华为否认犯有起诉书中指控的违反美国法律的各项罪名，"华为相信美国法院最终会得出相同的结论"。

在我加入的一个微信群里，围绕华为问题，也发生了一场讨论：

A：现在冷静有什么用？应该立即启动对苹果的法律程序，美国敢对华为怎么样，我们就让苹果停工整顿。

B：让富士康停工，失业的是谁？

A：特朗普已经把5G定性为"新军备竞赛"了，阻止盟友用华为系统，你还抱什么幻想？

B：历史上西方对中国在高科技方面的禁运、阻止少吗？阻止住了吗？

A：以后就是两大市场阵营了，中国加"一带一路"，美国加西方国家。

B：我不完全排除这种可能，但我觉得可能性很小，而且应该尽最大努力避免这种可能。世界各国，你中有我，我中有你，中国和美国的关系也是互利关系，不是乞求关系。美国有打压华为的一面，也有需要中国商品平抑美国物价的一面，脱钩没那么容易，真脱了，消费品物价上去，美国选民就坐不住了；再说，很多西方公司已经离不开中国大市场，不会对美国言听计从，特朗普能主导得了德国、法国的命运吗？

C加入进来：中国几年前就开始布局"一带一路"是对的，

"一带一路"的重要价值在于开辟了广阔的市场，在现代经济体系中，不是技术决定市场，而是市场决定技术，谁占据了市场，谁就有更大的潜力。

很快，D说话了：也别那么乐观，"一带一路"沿线国家和5G有什么联系吗？在非洲，基本还是用2G、3G，都是华为、中兴的天下，离5G还早着呢！别把那么多政治经济因素都和一家公司的命运捆在一起，它会"累死"的。

一个大律师跟了一句：不用上纲上线，不是什么危亡时刻，华为这两个案子其实都不算很严重，兵来将挡即可。同时，我们自己要加强知识产权意识，如果国内各级政府都像美国这样拿知识产权说事，对中国企业的创新是好事。

一个投资家最后说：中国有14亿人口的规模，何必这么在乎外国是不是用5G？先在中国实现5G，提高生产效率和生活质量，让外国羡慕去吧，不是挺好吗？最后比的是谁的成本更低，速度更高，谁能长期提高技术水平。下面还有6G、7G，先发优势非常重要。

根据华为的公开资料，华为已与全球领先运营商签订了30个5G商用合同，其中欧洲18个，中东9个，亚太3个；超过2.5万个5G基站已发往世界各地。

华为的冷静源于实力，源于长期的研发投入、以市场为本、开放式创新。这也是那些能够在全球拥有一席之地的中国公司的共同基因。

在中国创新的奇点已经降临之时，我们应该把握历史的大机遇、大方向，相信自己，相信时间，相信规律，不因一时一地的得失而急躁盲动。

华为的能力，才是它最重要的护城河。具体到刑事起诉，华为仍然有通过法律手段在法庭上进行较量的足够空间。

平其心论天下之事，定其心应天下之变。时间会站在那些真正用创新技术带来人类福祉的力量一边。此中有曲折，但我们不应该改变中国加快高科技发展、实现创新驱动升级的大目标。中国通往技术创新高地的路注定不会平坦，会有磨难，也必然会有教训，会交学费，个中委屈应该化为改革和前进的新动力。要相信笑到最后的才是最好的，最后的成功，才是对不屈不挠的奋斗者的最佳报偿。

华为折叠

2019年,一年一度的世界移动通信大会(MWC)在巴塞罗那举行,有2400多家参展商和10万多参会者,最轰动的产品是华为发布的5G折叠屏手机HUAWEI Mate X。

华为终端CEO余承东说,折叠屏手机的一项关键技术是折叠,因为一般来说,长期折来折去总会留痕,打开时很难做到绝对平整。

华为从2016年开始试图解决这个问题,最后采取了四层结构设计,上面是高分子材料的屏幕保护层,然后是可弯曲的柔性屏幕,再下面是软胶支撑片,最后是转轴。其中转轴的设计最为关键。华为集合了数学、物理、材料、高精密运动、工业设计等方面的科学家和工程师,从运动原理到子功能模块设计,再到材料选择以及不同表面的处理,反复验证,确定了转轴原型设计。这一设计能做到屏幕多次折叠仍平整如新,没有折痕。

除了转轴,发布会上另一个让我印象深刻的,是折叠屏手机搭载了华为自研的5G多模终端芯片——巴龙5000和麒麟980芯片。所谓多模,就是不仅支持5G，也支持2G、3G、4G，这样的好处是减少了模式间的切换，性能更强，能耗更低。

巴龙5000能支持最广泛的频段，所有运营商的网络都可以部署，全频段都可以使用。它的速率也超快，下行支持到4.6Gbps[1]带宽，上行支持到2.5Gbps带宽；在毫米波频段最快达到6.5Gbps，如果叠加LTE双连接的话则最快达到7.5Gbps，是4G LTE可体验速率的10倍。

余承东在现场演示了华为5G移动路由Pro，通过它3秒钟可以下载一部1GB的高清电影。在华为展区，我们看到实时直播的巴塞罗那海滩的场景。这些场景由距离海滩2000米的8K高清摄像头拍摄，再通过华为联合西班牙沃达丰搭建的5G网络，传到展区的大屏上。同在发布会现场的张泉灵是电视主持人出身，她说照此下去，电视直播就不需要卫星公司了。还有人说，上传速率上去之后，抖音就可以做更长的视频了。

折叠屏手机和5G手机是此次MWC大会的大热点，但华为手机真正的强大之处并不是柔性屏，而是华为拥有一整套包括芯片、终端、云服务和网络在内的全领域能力。

华为手机出身于华为这一"技术豪门"，含着金汤匙出生，这是它最独特的地方。

就像下围棋，布局阶段能把棋下厚实，中盘以后的战斗力就强。华为今天能在C端做出让人惊艳的产品，不是一个两个，而是一批一批，最根本的原因是华为从B端开始的技术积累，厚积薄发，如今进入了新技术的喷发期。

几天参观后，我最想和朋友们分享的是，中国可以在技术创新领域

---

[1] 1Gbps 意味着传输速度为每秒 1000 兆位。

有所作为。如果中国在更多的产业中，能有一批像华为这样持续在研发上投入的公司，创新型国家何愁没有未来？

2016年我第一次参加MWC，任正非和我们座谈时说：

> 我认为发展应该是循序渐进的。突跃会产生，但需要很长的酝酿过程。我不相信大跃进能成功，所以我们公司没有大跃进……在战略机会点上持续坚持，可能某天就会听到"上帝"的敲门声。比如我们在俄罗斯的研究所的数学家在算法上的突破，就帮助我们从2G升级到4G，节约了很大的成本。

任正非多次举过这个例子。算法突破后，可以通过软件升级，帮运营商从2G升级到3G再升级到4G，而不用将硬件设备统统换掉。

任正非认为，产业振兴的根本在于基础研究，科学家们的理论突破为产业技术发展指明了方向。华为是5G时代的领先者，这也要归功于基础研究的突破。

2018年7月，华为在深圳总部为5G极化码（Polar Codes）发现者、土耳其教授Erdal Arikan颁发了特别奖项，致敬他为通信事业做出的突出贡献。Arikan在2008年公开发表了关于极化码的论文，开拓了信道编码的新方向，有助于大大提高5G编码性能和降低设计复杂度。

华为团队认为，5G最核心的功能是连接，让万物互联。2010年，华为识别出极化码作为优秀信道编码技术的潜力，在Arikan的基础上进一步研究，经数年努力，在极化码的核心原创技术上取得了多项突破。2016年，极化码成为5G的标准之一。华为的5G研发在全球9个研发中心启动,吸引了世界各地的500多名优秀科学家参与。

当时华为已经开始了6G研发,首先也是要在全球范围内寻找到能在基础方向上有重大突破的理论,然后再走向产业化。科技,科学在前,技术在后,只是中国大部分公司都做不到科学牵引,在技术上有创新的也不多,主要都是模仿和局部改进。而华为开始时也是跟跑,但它不满足于此,坚定不移要在研发上赶上去,逐步并跑,终于在5G时代开始领跑。

以手机SoC(系统级芯片)为例,SoC一般分为BP(主要指基站芯片)和AP(主要指包括CPU、GPU在内的应用处理器)。在AP领域,华为的代表作是人们很熟悉的麒麟芯片。在BP领域,华为早在2008年就启动了LTE芯片的开发,2009年华为芯片、华为终端等成立联合项目,共同研发基带,2010年年初推出业界首款支持TD-LTE的终端芯片巴龙700,可以支持FDD-LTE和TD-LTE双模。巴龙到现在已有差不多10年历史,在这个方向上,全球在相当长一段时间内只有高通和华为有话语权。

华为最早研发芯片时,起名以海拔6000米以上的雪山为主题,巴龙就是海拔7013米的雪山的名字。十年磨一剑,麒麟和巴龙成了华为的双剑。

在MWC华为展区,我们参观了体现黑科技的X-zone,看到了更多的技术展示。

华为的基站可以把运营商从2G到5G的需求用一套设备集成在一起,像搭积木一样简单和便捷。在韩国,运营商为了安全考虑,规定基站超过20千克就不能由个人安装了,所以基站越小越好。但这并不容易。功率要强，功耗要低，这需要很好的散热能力。要减轻重量，需要使用新材料并进行一体化设计。华为滤波器的体积和重量比以前降低了70%以上，其中的材料是科学家用了五六年的时间，在200多种材料中试验出来的。

华为轮值董事长郭平说，华为追求在不牺牲性能的情况下把站点做到极简。"举例来说，如果用传统工艺做64T64R天线，一面5G天线比门还要宽，根本无法安装。这样的天线放在巴塞罗那海边，风一刮就掉了。针对这一情况，我们使用'一体化振子'这种新材料，减少了99%的零件数；天线罩也选用最轻的材料，减重40%。这样做成的AAU（有源天线单元）只有背包那么宽，并且考虑了风阻，2018年在深圳经受住了15级台风的考验。极简站点安装也非常简单。只需利用现有4G站点，甚至可以在灯杆上安装。极简站点大大降低运营商的资本开支和营运支出，以欧洲站点租金为例，每年我们可以帮助单个站点节约1万欧元的租金。"

华为的技术创新是全方位的。比如，有的基站覆盖的是公园，有的覆盖的是楼宇，不同的场景，覆盖的角度、深度都是不一样的。所以基站的芯片要智能化，集成适应各种场景的智能算法。现在可以支撑32种算法，将来可能是64种、128种。这又要求芯片上容纳更多的晶体管，并解决好散热的问题。

李克强总理2018年在比利时微电子研究中心参观时，该中心通过精密光刻技术不断缩短芯片上电路与电路之间的距离以提高通信效率和运算速度的做法给他留下了深刻的印象。任正非说："带宽提高到3纳米和1纳米后，已经到了极限，如果还满足不了人类的需求，石墨烯这时也不能替代硅，怎么办？我们就把芯片叠起来。但最大的问题是要把这两个芯片中间的热量散出来，这也是尖端技术。热学将是电子工业中最尖端的科学，这方面我们的研究也是领先的。"

在MWC上，我们还看到了很多黑科技。比如在光网络方面，华为在光放大器方面实现了历史性的突破，可以实现在同一根光纤上，增加50%的传输量；在高端核心路由器方面，由于采用碳纳米管的新技术，可以定向散热；在计算和存储方面，华为的算力远远超过英特尔的线程计算和英伟达的并行计算，虽然牺牲了一些灵活性，但对定向计算领域特别适用，比如南极科考、石油勘探等。

郭平自豪地说："积少成多，我们在不断突破技术的极限——在有光纤的场景，只要插上一块刀片，拉一根光纤，就可提供高达200G的带宽。难以置信吧！在没有光纤的场景，运营商可以用微波，传统的微波带宽只有1G左右，没办法发挥5G的效用，华为通过架构创新可以实现20G的带宽。"

华为的技术创新，有些是算法的突破，有些是底层物理级的突破，有些是材料技术的突破，有些是器件的突破，有些是设计理念的突破，这些方面相互推动，相互拉升，越做越深，越做越前沿。如同任正非所说的，华为在很多方面都进入了"无人区"。华为只能以解决客户的问题为牵引，从科学中汲取营养，持续改进，不断突破，最后实现从量变到质变的飞跃。

任正非不久前接受媒体访问时说："我们在技术上的突破，为我们的市场创造了更多机会，带来了更多生存支点，我们没有像外界想象中的那么担忧。"他举例说，能够把5G基站和最先进的微波技术结合起来的，世界上只有华为能做到。"将来5G基站和微波是融为一体的，基站不需要光纤就可以用微波超宽带回传。这也适合广大西方国家，因为那里遍地都是分散的别墅，如果要满足看8K电视这类高速的信息消费,就需要买我们的设备。当然,它可以不买,那就要付出非常昂贵的成本来建设另外的网络。"

2019年1月10日,工信部宣布将发放5G临时牌照,中国5G商用建网的大幕就此拉开。初期的部署,将有助于移动互联网用户的极致体验,并推动物联网的创新。5G的作用目前还无须夸耀,但其长远价值绝不能低估。

我能明白的是,在技术上,华为已经站起来、强起来,腰杆硬起来了。华为现在的87805项专利中,有11152项核心专利是在美国授权的。这已经说明了华为的技术价值。华为是靠自己的努力做起来的。

华为坚持研发创新,不等于走封闭式道路。华为高度强调开放和专利权的交叉许可,其一贯的思路是:

> 仅凭一个公司单打独斗,不可能带动技术和市场的充分成熟以及规模效应,也不可能获得真正的成功。只有商业成功技术才能成功,只有生态链成功产业才能成功,所以华为呼吁和坚持产业界开放合作。

我想说的是,如果自己没有强大的研发能力,所谓合作往往会异化成"单边主义",仰人鼻息。

所以还是那句老话,靠山山会倒,靠水水会流,靠自己永远不倒。

只有踏踏实实、专心致志、唯精唯一、长期努力,在技术方面才可能突破。

此次MWC大会,华为展区的设计由华为巴黎美学研究所负责,由萤声国际的法国设计师Mathieu Lehanneur作为创意顾问。华为展区的设计主题是"光而不耀,静水潜流"。

华为的折叠手机让人惊叹,而我想到的是,没有长期的沉潜和积累,不弯下腰俯下身持续10年、20年地耕种,怎么可能惊艳绽放呢?

光而不耀,静水潜流,犯其至难,图其至远。这是折叠的力量,深潜的力量,内蓄的力量,更是生生不息的创新力量。

倾听任正非：我们究竟向华为学习什么

2019年5月22日、23日，我们到华为调研，参观了手机智能制造生产线、溪流背坡村、光传输研发实验室、财务部、股权文档室，和人力资源部、董事会秘书处、公共及政府事务部等部门的管理层交流，也向任正非先生提出了很多问题，获益匪浅。

20世纪90年代中期我开始关注华为时，是通过《华为文摘》和《华为人》。这些报刊在深圳乃至珠三角的企业界悄然流传。

通过阅读我很清楚地感受到：华为一方面有强烈的家国意识，希望为国家富强而奋斗；一方面也努力学习西方先进经验。1995年的《华为之歌》唱道："学习美国的先进技术，吸取日本的优良管理，像德国人那样一丝不苟、踏踏实实、兢兢业业。"由于曲子不上口，没有传开。前几年到华为观摩一个大会，听到华为高管合唱的曲目朗朗上口、壮怀激烈的《中国男儿》："中国男儿，中国男儿，要将只手撑天空；睡狮千年，睡狮千年，一夫振臂万夫雄……"此曲源于日本学校歌曲《宿舍里的旧吊桶》。1900年前后，中国废科举、办新学，在新式学堂里开"乐歌课"教唱新歌，此曲传入，被重新填词为《中国男儿》，1906年刊登在上海普及书店出版的《唱歌教科书》上。

一个多世纪的中国近现代历史，跌宕起伏，曲折前行。如何理解和处理中国与西方的关系，如何看待中国社会的变革，这不是用简单的标签就能贴清楚的。

1997年圣诞节前，任正非访问美国，去了休斯、IBM、贝尔实验室与惠普等公司，写了《我们应该向美国人民学习什么》一文。此文在《华为人》刊出后，我将其编辑，在《南风窗》发表，后被《读者文摘》转载。该文章提出的四个学习要点是：前赴后继的创新精神与浪起云涌的创新机制，优良的企业管理，机会是企业扩张的动力，忘我的献身精神。

该文接着提出"华为的红旗还能打多久"，指出华为必须学会管理，华为"浪费"了非常多的钱用于员工培训，也许下世纪才能看到这些苹果成熟。文章的最后一部分说"中美关系的风风雨雨不影响我们学习美国人民"。任正非说："中国是一个大国，我们要像当年搞'两弹一星'那样，拿出伟大的气魄来，在经济上、科技上站起来。当前，应在教育上加大发展，普遍提高人民的素质，认真学习各国的先进思想，在观念上对自身实现解放。……中美之间的风风雨雨还会不断地出现，但这不影响我们向美国人民学习他们的创新机制与创新精神，以促进我们更快地富强起来。"

对照2019年5月21日的答记者问可以看出，任正非的基本观点是长期一致的。

这次我专门问任正非："您写过《我们应该向美国人民学习什么》一文，我们一直也是学习的，我也在美国读过书，现在美国出现了对华为的这些情况，让我们对'普世价值'有了新的思考……"

我还没说完，任正非就反问我想不想国家繁荣富强，想国家富强就要向美国好的方面学习。"不学美国，怎么繁荣富强？不要把仇恨和别人的先进混杂在一起。其实现在我们也不仇恨它，即使是博尔顿[1]、蓬佩奥[2]也帮了我们很多，他们拿'鞭子'一抽，华为公司懒惰的人就不敢懒惰了。激活组织，他们起到很大作用。只是他们动员别的国家卡我们，这点就做过分了。"

后来我又问，目前出现了拉锯战局势，特别是"孟晚舟事件"，他对世界未来的看法是更加乐观呢，还是悲观？

任正非说，世界最终还是要走向趋同。几十年前，我们敢坐在这里谈论这些事情吗？现在议论问题已经没有什么限制了，跟外国人沟通也没有限制了。"我和西方媒体说，西方是在横坐标上看中国，原点是德国、美国，它们已经改革了一两百年时间了，横向看中国，怎么都不满意；我们是纵坐标看中国，原点是40多年前，今天（与之前）相比完全不一样了，40多年前我们的梦想还是吃一个馒头、吃一顿饱饭，现在饭桌上开始有人抱怨'怎么那么多肉'，价值观开始变化了。"

任正非认为："邓小平改革开放，改什么？改利益分配机制。13亿人民重新追求和分配利益，这个'原子弹'的能量非常大。开放的路子走慢了，'胆子再大一些，步子再快一点'；走得太快了，紧一些，来回收放，市场经济在有效控制中形成。一定要有中控系统，在基本稳定的情况下走向市场经济，不能太理想化。"

任正非2019年75岁，他经历了过去和现在，他了解中国和世界，他

---

[1] 约翰·罗伯特·博尔顿（John Robert Bolton），美国前总统国家安全事务助理。
[2] 迈克·蓬佩奥（Mike Pompeo），美国第70任国务卿。

的这些话，不管持有什么立场的人，听听都很有益。

我们究竟向华为学习什么？要回答这个问题，就要真正理解华为这家公司到底是做什么的，成功的核心是什么。

任正非多次说，华为是由于幼稚，不幸进入了信息产业，后退就是死亡，被逼上了不归路。这次我问他，华为国际化的最大体会和经验是什么。他说："不能为搞国际化而搞国际化。华为为什么要国际化？是为了生存到外面去的，不是单单为国际化而出去的。"

尽管他这么说，但我还是相信，华为如此成功，是因为选择了一个高增长的大产业，即信息和通信产业（ICT），并在其中建立了高技术的领导性优势。

过去几十年，所谓"第三次浪潮""信息革命""知识经济""互联网世界"等，都表明了这个时代最重要的产业特征是什么，而且这个产业还在不断升级、发展、变化，从而创造出无法想象的新机会。

作为基础性的电信设备供应商，其规模效应、市场集中效应、客户依赖效应都非常明显，同时，一旦在核心技术、关键材料、核心组件、软件等方面突破了，就能创造出高附加价值，从而进一步支持研发创新。华为的研发投入是惊人的，仅2018年研发投入就超过了150亿美元，但成果转化的效益也是惊人的。研发手机芯片需要持续高投入，华为手机一年卖2亿多台，摊到每一台上的研发成本又是可接受的。而且很多技术具有通用性，运营商业务和消费者业务都可以用，这进一步提高了技术成果转化的边际收益。

传统上，华为是一家电信设备公司，但随着整个信息产业的发展，华为本质上已经是一家生产知识、从事知识和技术创新的公司，是知识创造型的高科技公司，它的目的是把数字世界带给每个人、每个家庭、每个组织，构建万物互联的智能世界。

可以这样理解华为的基本业务（即任正非所说的战略机会点）：无论人还是物，无论图文还是视音频，一切活动都在信息化、数字化，并通过传输和连接形成价值。现在世界一年产生的信息量、数据量可能比以前几千年的总和还多。华为要做的，就是提供一套产品和方法，帮助运营商、企业、个人多快好省又安全地传输更多数据。

举个例子，电信运营商是修路的，只负责建光纤网络。但如何让一条路上跑更多的车（数据），让车子跑得更快，让这些车的载重量变得更大；如何不塞车；如何加油能让车长效地跑下去；无数的车汇聚，怎么让立交桥更强大，调控更通畅，每台车各行其道……这些才是华为要做的，华为要在管道上（如光纤）更有力地传输更多东西。

由此不难理解，信息和通信产业比拼到最后，比的是算法、算力、模型、材料科学等学科的知识突破。华为有大量数学家、物理学家、化学家，道理就在这里。华为在知识价值的创新与客户价值的创造上，实现了相互促进的正循环。

如果我们承认华为的本质是一家知识创新公司，那么华为成功的核心也就不难找到，就是"人本"和"知本"。对人力资本和知识资本（资源）进行最有力的对接、融合和开发，让华为傲立于世。

华为一直坚持以客户为中心，以奋斗者为本。此次调研后，我的结论是：华为核心竞争力的来源，一是用一套以"虚拟受限股"为核心的激励机制，激发广大科研人员的积极性，让他们把最具创造力的那一段青春年华献给华为；二是吸纳全世界的知识精华，使其为我所用。任正非多次举过华为在俄罗斯研发中心的数学家的例子，通过软件方面的突破，在算法层面将3G和2G打通，这样运营商就不用把2G硬件设备都换掉，只要将软件升级和适当更新硬件就行了。华为成为5G时代的领先者，同样也有赖于基础研究的突破。

这里，我们重点谈一下华为的ESOP（虚拟受限股分红）激励。全世界有多种公司治理与激励约束的办法，华为的模式非常独特，具体表现为100%员工持股，创始人股权极少。任正非占华为股权的1%多一点，华为员工中有一半以上（9万多人）通过华为工会拥有其余股权。这是一种受限股，员工离开华为，其持有的ESOP按照净资产价格由工会回购。华为一般每年扩股10%左右，加上回购的股份，用于当年员工配股。

这次我问任正非，华为的领先是不是成本领先、效率领先、管理领先，他说都不是，是"技术领先，人才领先，财散人聚"。

华为员工的收入，包括工资、奖金、TUP收益（奖励期权计划）、虚拟受限股分红（ESOP）。级别越高的员工，ESOP收入在总收入中的比例越高。ESOP的多少，根据职级、贡献而定。

TUP收益和ESOP的区别在于，前者是一种利润分配方式，后者则是需要购买的"资产权利"，而且有风险，收益和风险共担。

2019年7月，华为ESOP每股净资产7.85元左右，2017年每股收益约2.83元，每股现金分红为1.02元。

华为不上市，这使得员工的ESOP收益在保有吸引力的同时，也不会像上市那样使员工一飞冲天地暴富，从而丧失奋斗精神。不上市，也保证了公司可以进行长期投资、反周期投资，不受资本市场波动的影响。ESOP要花钱买，相当于投资，所以大家要拧成一股绳，把事业做好，这就是华为所说的"力出一孔，利出一孔"。

股权计划是动态调整的，永远给新的奋斗者留出空间。华为45岁可以退休，40岁提出退休也OK，退休者按照一定条件持有ESOP，犯有严重错误者将被回购ESOP，新员工工作3年后基本可以享受ESOP。整个计划的内涵，是承认原有员工的贡献，让他们得到分享，但同时一定要给新员工创造出通过奋斗、分享未来收益的空间。老员工干不动了，鼓励你提早退休，享受过去奋斗的成果。但奋斗的岗位，要提供给那些更年轻、正处于当打之年的人。

任正非从华为公司获取的资本收益很少，但他对华为有着重大的精神意义。任正非的股权是100%的法律意义上的实股，他也拥有重大事项的一票否决权（但据其自称未使用过，未来会过渡给一个集体决策的委员会），这赋予了他作为创始人的独特权利。但他主要是靠思想和讲话影响华为。

ESOP制度的灵魂是什么？就是激励全员奋斗，奋斗之后享受成果，同时始终让新的奋斗者看到希望和未来。在全世界所有将人力资本和知识资源相结合的价值创造模式中，华为模式也许是持久力、公平性、年轻化活力、创新爆发力最强的一种。这种"人本+知本"的制度安排，可能是不亚于华为任何产品的最重大发明。

如果你问任正非，华为的敌人是谁，华为的最大问题是什么。他永远只有一个回答：自身的懈怠和行为的短视化。他之所以"感谢"美国，是因为美国让华为懒惰的人不敢懒惰了，组织重新被激活。

在这样一个信息流动、知识外溢、全球化、产业不断更新、技术起跑线不断重新建立的世界中，中国的改革开放，为经济发展赢得了几十年的太平时光，也没有被西方世界大动作地拦截。正是在这种背景下，十几万优秀的人力资本和全世界的知识精华融合在一起，拼命奋斗，有什么奇迹不能创造呢？

我问任正非欣赏哪些美国公司，他说了亚马逊、谷歌、微软，当然还有他喜欢的苹果。在我看来，华为在领导力、员工素质、激励、创新能力方面，并不比这些公司弱。再给华为一些时间，有什么理由不能超越它们？亚马逊、谷歌、微软和苹果，都是个人创业者开创的传奇，也都是短短几十年时间创造的传奇，勤劳聪明的中国人，如果给他们充分的舞台，有良好的机制，必定会创造出不亚于它们的传奇。

华为为什么创立32年生生不息？历史性的机遇对谁都是平等的，就是靠"人本"加"知本"，绽放出了最宝贵的知识创造力、技术创新力。华为之道，无外乎人性二字，只是华为把这一点做到了极致。

在这32年的过程中，华为一直坚持向世界学习，坚持批判性思考和建设性对立（华为内部的"蓝军"就是不断寻找华为的问题，提出质疑），让自己永远意识到不足，意识到世界的精华总是在远方，这种忧患意识和学习意识，也是值得我们学习的宝贵资产。

假如美国真的试图通过封锁一个新物种型企业的向上攀登，而守住自己曾经的制高点，那么，这种努力终究是徒劳的。世界终究要通过连接才能变得更美好，世界终究要奖励那些更努力付出、更聪明的人，这种力量是无法抗拒的。即使抗拒得了一时，但抗拒不了历史的大趋势。当然，我们需要理解国际社会对于网络安全的关切，毕竟，这不同于买中国制造（Made in China）的鞋子和小电器，不是买一个具体的产品，而是买一种服务，它时刻在运行，在产生数据，而数据是今天的"血液"。正如华为所做的努力，我们应该更加努力地让国际社会相信，我们是可以信赖的服务者，是长期合作伙伴。

无论如何，我们过去已有的关于一个国家、一个公司、一种制度的认知，我们的想象力，都需要重新配置。世界需要美国，也需要中国，或许在今天，更需要中国。中国不是要替代什么，但世界需要新的选择。

在全球想象力重新配置的过程中，华为为中国赢得了更多的关注。作为一个中国人，我为华为感到骄傲，但同时，我们更需要去认识华为成功的根本，而不是简单地用传统的话语框架去解读。我觉得，最好的公司一定是能够最大化凝聚人力资本和知识资本，并使之绽放的公司，用产品和服务让全世界的人更好地连接、更好地生活和工作，从这个意义上说，华为好像是22世纪的公司样板，只是提前降生了。

它生于1987年年底的深圳，带着以人为本和创新、开放、奋斗的基因。它特立独行，开放自强，纵立崖岸，依然卓绝。

迷惘之中的忧思与警醒

当前经济社会怎么看

每个历史发展的关键时刻,都会有阵痛、焦虑、纷乱乃至荒诞,但这往往也是觉醒的时刻、新出发的时刻。我写过关于1998年、2008年和2018年的文章,这是属于我的"逢八魔咒"。特朗普在推特上一通虚虚实实的乱拳,却能在大洋彼岸频频掀起波澜,这是"特朗普魔咒"。而这些魔咒能激起真实的回响,说明我们的肌体中确实有些痛点,本来就要发作,偏偏外部又有触发因素,形成共振,所以加剧了痛感。

"魔咒在叫",仿佛《浮士德》中的魔鬼靡菲斯特,试图扰乱浮士德的心,让他趴下认输。所以这也是一个特别需要冷静的时刻。叫大家闭上眼睛增加信心是没用的,胡子眉毛一把抓是不行的,偏激和极端的态度更是于事无补的。

我想谈谈对中国经济社会的基本看法,以及我所看到的,当前出现了哪些令人担心的问题。

简单的分析框架

长期以来,我对中国经济的未来都是乐观的,但不狂热。乐观最重要的理由是看到中国通过改革开放和市场经济释放了人民群众的积极性、主动性、创造性,这是一部企业家精神的史诗,亿万劳动者的创造力史诗。中国改革开放的出发点和美国在一片新大陆上"先有移民和村镇自治、后有联邦政府"不同,我们是从集中统一的计划体制出发,从大政府、强政府出发,然后由中央向地方"让渡"空间,国有向非国有"让渡"空间,计划体制向市场体制"让渡"空间,释放出万千活力。这个"让渡"不是急剧的变化,是渐进的,社会大局是稳定的,政府在这个过程中更多起到了"帮助之手"而非"攫取之手"的作用。

一言以蔽之,中国经济的发展,是一个有作为的政府努力创造更好的环境、从而更好地发挥人民主体性作用的结果。什么时候政府行为有助于发挥人民的主体性,激励创新,简政放权,降低税负和制度性成本,什么时候发展就快,否则就遇挫。

人民不是抽象的概念。在经济活动中,它是由"利己"的个体构成的。"利己"是原动力,但各种"利己"之间也有冲突,所以需要秩序,需要法治化的、公平公正的秩序,以体现优胜劣汰,保证消费者福祉最大化。就此而言,政府又是市场秩序的供给者。只要政府行为有助于良序的形成,符合客观规律,市场就会在有序的、可预期的轨道上运行。

对当前一些问题要辩证地看

当前社会上有部分对中国经济社会发展的悲观情绪。这不必回避。

我开始写这篇文章是在武汉东西湖区的一个酒店。头天晚上到武汉机场,这里就像中国很多新机场一样,亮丽光鲜,我想如果美国大城市的机场能像中国这样,特朗普恐怕要经常发推特颂扬美国"Great again"了。我在朋友圈还看到一条"江苏昨天用电负荷超过1亿千瓦,超过了德国和澳大利亚全国用电负荷"的新闻,其实2017年7月就出现过类似的新闻,广东比江苏更早突破一天用电1亿千瓦,广东、江苏的电网规模都超过英国和法国。我们人口多,又在工业化、城市化的成熟发展期,用电规模大不奇怪,但江苏在如此高的用电负荷下没有采取拉闸限电的措施,这是不容易的。这和电力建设、特高压输电线路建设(从省外送电)、储能电站建设都有关系。国家能源局原局长张国宝曾撰文说,中国发展起步晚,具备后发优势,所以中国总体能源装备和技术要新于美国。比如核电,美国核电发展高峰期是20世纪七八十年代,中国核电站大部分是在2000年后开建的,引进最先进的技术,并吸取日本福岛的教训,先进性、安全性优于美国。在火电方面,美国服役的火电站有的还是20世纪50年代的产品,每千瓦时煤耗高于400克的还不少,而中国最先进的火电站(以上海外高桥3号机组为代表)煤耗只有275克。没有这些基础设施和能源建设的翻天覆地的变化,中国不可能成为世界工厂,也不可能以每年1个多百分点的速度提升城市化水平。

　　1999年我到上海"财富全球论坛"采访,当时世界500强中只有6家中国公司。而到2019年,中国已经有129家公司跻身500强,历史上首次超过美国(121家)。世界最大市值的20家互联网公司,中美几乎平分秋色。如果不看这些大企业和富豪榜,而是看基础保障,中国的医保覆盖差不多11.8亿人,养老保险覆盖9亿多人,社会底层困难群体、离退休职工在过去若干年的福祉是不断改善的。全国企业退休人员月均基本养老金从2012年的1686元增加到2016年的2362元(2017年上海的标准是3754元),当然不高,但大部分退休人员对连续多年上调养老金是满意的。中国社会金字塔底座的稳定性不是在弱化,而是在加强。现在情绪比较大的主要是中间和以上阶层。底层不是没有问题,但主要不是生存问题，而是发展、社会公平感问题。

目前一个突出问题是实体经济部门，特别是传统产业、中小微企业的日子难过。为进一步求证，我和照明行业龙头公司的董事长通了电话，也专门找了一位二线照明企业的老板交流（他两三年前把企业卖了，当时年销售收入2亿元），实际情况确实很糟。那家龙头企业日子也不好过，上半年能有一两个百分点的增长是把吃奶的力气全部使出来，拉了很多工程照明的生意。如果按照几千家零售店销量来做对比，同比是明显下降的。另一家照明行业龙头公司2018年上半年跌了8%左右。问题主要是消费不景气，消费意愿不足。我调研了厨电、厨卫、橱柜、家居等行业内多家龙头企业，情况都差不多。智能手机前几年是热门行业，根据中国信息通信研究院数据，2018年上半年国内市场的手机出货量同比下降了18%左右。所以，几大龙头都忙着"走出去"。

这样一个个行业看下去，的确令人悲观，我直接想到的问题就是就业怎么办。但如果换一个角度，制造业实体经济不景气，并没有产生大面积失业，肯定是因为一些新行业、新业态创造了新就业，比如电商、快递、外卖、游戏、直播、共享经济、资讯内容、健康、影视动漫文娱、互联网教育等，据说和阿里相关的内容电商就有100万人在做。我专门请教了马云，问他这些新业态能不能、能在多大程度上对冲制造业的困境。他的回答是：

> 美国经济完成了数字转型，中国在转型中必然会有阵痛。未来的就业是新型就业，传统制造业不会再是就业发动机，新型制造业是服务和制造相结合的新形态。

之前广州一家做VR的企业到上海参加中国国际数码互动娱乐展览会（2018 China Joy），董事长告诉我，2018年观展有35.5万人次，创历史新高。2017年中国的游戏市场规模有2000多亿元，游戏用户有五六亿人，同年中国空调市场的零售额是1987亿元，彩电市场的零售额是1640亿元，也就是说，游戏的市场规模比空调、彩电都大。根据伽马数据发布的《2017年中国游戏产业人才薪资调查报告》，游戏市场过去5年的复合增长率是27.6%，从业者平均月薪超过1万元，20家上市游戏公司有18家的薪资支出呈现上升势头。

如果看这一面，我们会发现新兴市场已经不小了，而且很蓬勃。传统制造业用工难，大学生不愿去，新兴业态则有很大空间。

我们悲观时，外资反而是乐观的抄底者

中国的确没那么厉害，有些企业很奇怪，一点小小的发明或者改进就吹到天上去，吹成世界级。但如果我们一点也不行，估计特朗普早已消停了。我曾在上海财经大学参加论坛时说，贸易战最坏的结果是全球形成两个价值链，美国的和中国的，双方都有庞大的本土市场，都可以支撑起专业化的、有深度的分工，都能度过阵痛期。中国不愿意脱离美国市场，但美国也吓唬不了中国。中国人只要苦心钻研，现在被卡脖子的地方都能突破，只是时间问题，因为我们有市场，供求之间可以不断反馈、试错、迭代、进化。就像20世纪80年代的程控交换机市场，"八国九制"，外资一直认为中国造不出大容量程控交换机，1989年后西方还对中国实施大型程控交换机的禁运制裁，结果中国公司埋头苦干没几年就研发成功了，将程控交换机的价格一下子就拉低了很多。现在的问题是，中国被有些自己人过度看空了。加盟京东金融的沈建光先生在

瑞穗证券亚洲公司担任首席经济学家多年，他2018年在欧洲见了50家最大的公司客户，比如道达尔、奔驰、宝马、巴斯夫等，他们都看好中国，并将加大在中国的投入。而且他们看到的一个机会是，中国大力加强环保之后，抬高了产业进入门槛，外资企业在这方面是强项，不会受影响，所以相对的优势会加强。它们对自己在中国市场的未来是更乐观的。

我担任一家在香港上市的内地背景的证券公司的独立董事。有次开董事会，管理层在汇报中说，2018年上半年受到美国加息、内地债券违约风险事件频发等不利影响，香港债券市场波动较大；受中美贸易战超预期等影响，股票市场大幅震荡，金融资产公允价值缩水，市场资金成本的上升也抬高了利息支出。这都是客观存在的不利点，但一个值得关注的现象是，负责QFII（合格境外机构投资者）、RQFII（人民币合格境外机构投资者）业务的全球市场部业绩增长很快，原因是境外投资者大举入市，购买内地权益类资产，交易活跃。我们对自己的资产悲观抛售的时候，外资反而是乐观的抄底者。

关于"中国超过美国"的一点想法

前一段时间关于"中国超过美国"的观点爆发了激烈争论。我在2016年和时任上海高级金融学院教授钱军先生有过一场公开辩论，议题是"中国能不能20年内全面超过美国？"我抽到了反方，后来写了三篇文章，核心意思是尽管中国经济总量能超过美国，但在质量、人均指标、效率、创新、法治环境、营商环境等方面，中国在相当长时间内不能超过美国。现在看，当时的文章是站得住脚的。但从另一面，客观地说，在预言中国经济总量超过美国这方面，从2010年开始，主要是国际大行、IMF（国际货币基金组织）等组织在发布报告，比如渣打银行的长篇报告论证了中国在2000—2030年的"第三次超级经济周期"中将是赢家,2030年中国的经济规模将是美国的两倍。世界银行2012年发布的报告称,在过去几十年,"将中国31个省区市(不含港澳台)视为独立经济体,它们都将跻身全球经济增长最快的前33位"。IMF在2014年发布报告预测,认为按照购买力平价,2014年美国经济规模是17.4万亿美元,中国的经济规模是17.6万亿美元。从这一标准上说,中国超过了美国。

我完全理解为什么很多人特别反感"中国超过美国"的说法,中国人口是美国的4倍多,即使在某些总量性的数据上"超过"美国,均分到每一个人身上,也是落后了。我们人多,经济规模大,但很多人并不富裕。2017年全国城镇非私营单位就业人员的年平均工资是7.4万多元,私营单位就业人员年平均工资为4.58万元,2017年年末农民工人均月收入为3485元。中国农民工有两三亿人,这样的水平,你说已经全面超过美国了,叫他如何去感知?

当前经济社会压力的突出表现

我调研了一些企业,也做了一些研究,我觉得社会经济压力的突出表现在以下几方面。

房地产陷入僵局

房地产是过去近20年的繁荣之母、百业之王,银行、地方财政、居民家庭财产都对其高度依赖,今天它的"双刃剑效应"却越来越明显。不发展房地产不行,但房价不断往上走也很麻烦,于是各种行政手段频出,虽然政府用心良苦,但市场非常畸形,很多一线、二线城市都出现了一手房、二手房倒挂。2018年1—7月,根据中原地产统计,一线城市经营性土地出让流标13宗,二线城市流标154宗,三、四线城市流标629宗,一共流拍了796块土地。这一年的住宅用地成交均价比去年同期降了

20%，在这种情况下还流拍了17%，说明不少开发商在资金来源受限、房价受限等约束下，也快顶不住了。

地方财政困境

少数城市地方财政高度依赖土地，一旦土地流拍，财政会很紧张。而再靠"铁公基"，即铁路、公路等基础建设去拉动，又会受到地方债务总水平的约束。我看到的情况是，如果一个地方有产业导入带来的投资，又有土地净收益（即土地出让金减去拆迁等支出的剩余），日子是比较好过的。即使日子好过的地方，我也很担心，因为都是几十亩几百亩地的招商引资，企业都号称投资几十亿几百亿元，往往"大干快上"，几个月就签约动工，这样打鸡血式的、根本没有仔细研究产业前景和竞争强度的"运动"，将来能兑现多少真实投资，能有怎样的投资回报？上得越多越快，政府压力也越大，光是土地拆迁就很棘手。可是不上项目，老问题马上就会浮现，所以只能"冲，冲，冲"。

金融的乱与痛

P2P爆仓4000多家，债券违约、私募违约频发，股市低迷，我们终于再一次尝到了"金融外部性"之痛。不去杠杆，是制造"大炸弹"；一刀切去杠杆，又让一些尚能维持的企业昏迷成"植物人"。陈元先生2017年在北大光华新年论坛上说，当前经济发展中出现了"泛债务化"的循环，经济运行中最多的是债务，最少的是资本和股本，这种极端不对称性是全球问题，而中国更加突出。很多企业被迫在高负债的情况下困难运转，盈利主要是还银行本息、借债，企业难以积累资本和力量。而这种结构性问题不是一天两天能解决的。

消费市场不景气

消费意愿的下降有多重原因，我听浙江一个大集团的董事长说，他们那个地方2018年消费很不景气，究其原因，一是过去两年居民加杠杆买房，二是民间借贷很多，不少借了钱的企业爆仓。所以老百姓的消费水平下降了。之前我在广州参加"新媒体千人峰会"，这个会很成功，每年都有很多赞助商。2018年的三个大赞助商，都是做消费市场的，但会议前全部取消赞助，因为市场不好，市场预算减少，他们要捂紧钱袋。

新动能需要更多支持性政策

前文说了，中国有新动能、新业态、新模式，但对新动能，从政策上能不能真支持？2018年以来互联网内容特别是视听领域的整顿很多，下架关停；有问题可以整顿，但要不要先黄牌再红牌？某些部门在新业态艰苦创业时不闻不问，发展大了，一句"你没有某某许可证"就打入另册。像喜马拉雅FM、罗辑思维这样的公司已经很大了，因为没有证，无法在内地上市。中国"互联网+"的"独角兽"基本还要在海外上市。现在的内容生产和消费与以前完全不一样了，为什么不能选择一些有社会影响力，也能体现我们的核心价值观的新业态进行试点，给新公司一些惊喜，也带给更多人希望呢？

社会治理能力不够，锐意进取精神不足

我们的公共治理和社会治理能力还跟不上人们对美好生活的要求。

前一段时间关于北京南站有很多议论，我的一位在日本的朋友写了一篇《日进百万人的东京车站为何井井有条》。东京车站位于东京市中心，建于1914年，占地面积18.2万平方米，北京南站占地面积差不多50万平方米，东京车站一天进出旅客102万人，北京南站一天进出15万人，可是管理得捉襟见肘。

跨越中等收入陷阱

过去我从不认为中国会跌入中等收入陷阱，在泛儒家文化圈，日本、韩国、新加坡等都成了高收入经济体，我们为什么不行？但最近我开始认真思考中等收入陷阱的问题。

2011年时任国务院发展研究中心副主任刘世锦与其他经济学者合著的《陷阱还是高墙？中国经济面临的真实挑战和战略选择》由中信出版社出版。最近重读，有些话仿佛就是为今天而写的：

> 如果不能有效管理增速下滑及其带来的风险，不能形成创新和服务驱动的新的增长动力，那么中国也可能长期徘徊在中等收入阶段。
>
> 随着中产阶层的壮大和教育水平的提高，他们对于改善社会治理、参与公共政策事务的要求会强化。这种要求如果得到积极响应，并加以引导，将有助于改善治理和公共政策；相反，如果漠视这方面的需求，将可能引发社会紧张。政府需要采取措施，改善民意征询，利用和发掘个人和非政府机构（大学、非政府组织、社区、智库等）的社会资本。

而在2012年2月28日由财政部、国务院发展研究中心和世界银行联合发布的研究报告《2030年的中国：建设现代、和谐、有创造力的高收入社会》中，曾这样预测——如果中国经济继续保持较快增长态势，那么在今后20年左右，中国将成为一个高收入国家，其经济规模将超过美国——虽然届时其人均收入仍然只是经合组织国家的几分之一。

报告中还这样写道:"不过,这里涉及两个关键问题。首先,中国是否仍然能够以较快的速度持续增长?尽管增速与以往的高速增长期相比会有所放缓。其次,这种增长能否在与国际社会、环境和自身社会结构相互适应而非严重冲突的情况下实现?我们对这两个问题的答案都是肯定的,但前提是中国能从过去行之有效的政策转向新的政策,以应对截然不同的未来所带来的迥异的挑战。"

"周虽旧邦,其命维新。"今天,我们正处在一个关键时刻,每个人都有一份属于自己的责任要担当。实现伟大复兴,这是我们应有的追求,而开放透明理性的讨论空间将有助于经济社会问题的更好解决,从而开启改革开放40年之后的新里程。

当前经济社会何处去

中国正在一个压力期。希望这种压力能唤醒我们民族内蓄的力量。

压力成因之一:"三期叠加"仍在,"新三期"又现

2013年中央提出"三期叠加"和"新常态",通过了《中共中央关于全面深化改革若干重大问题的决定》(下称《决定》);2015年提出供给侧结构性改革和五大新发展理念。这些判断说明中央是了解中国经济的症结所在的,药方也是对症的。

所谓"三期叠加",是指增长速度换挡期、结构调整阵痛期、前期刺激政策消化期。中央提出转变增长方式,不走老路子,焕发新动能,迈向创新型国家。至于政府干预,只能像病人休克时用的"复苏器",不能成为装在身上的"起搏器",更不能成为"人工心脏",用干预来替代市场调节。

《决定》指出,市场决定资源配置是市场经济的一般规律,健全社会主义市场经济体制必须遵循这条规律,必须"大幅度减少政府对资源的直接配置,推动资源配置依据市场规则、市场价格、市场竞争实现效

益最大化和效率最优化",政府则在"保持宏观经济稳定,加强和优化公共服务,保障公平竞争,加强市场监管,维护市场秩序,推动可持续发展,促进共同富裕,弥补市场失灵"等方面发挥作用。

但几年匆匆过去,三期叠加的问题没有真正解决,新的三期叠加又来了,这就是战略机遇找寻期、债务压力释放期、社会共识重建期。在贸易战和深层次的中美对峙下,新的战略机遇在哪里?需要探索和探明。老三期,新三期,问题更加复杂。

压力成因之二:透支型经济的维护成本越来越高,难以持续

现代经济是和预期相关的信用经济,信贷、国债、股票、土地等都是信用工具,帮助实现跨时空的价值交换,将未来收入折现到今天先行使用,促进发展与繁荣。就此而言,现代经济都带有透支成分,通过透支实现"提前满足"。中国的土地财政就非常典型,将50年到70年地租一次收取,用于基建,改善环境,提升居民福祉。

然而任何透支都不能无度。这个度表现为偿债能力。大卫·休谟之所以认为以信用为基础的经济发展是有危险的,就是因为担心利息偿还是不确定的。如果通过信用扩张形成的资产不能产生现金流,没有效益,带不来税收,透支终将不可持续。

目前很多地方的土地卖得差不多了,或者卖不动了,企业债券违约也挡不住了。这都说明透支型经济的维持压力越来越大。中国主要靠间接融资。图1表明,银行业的资产扩张曲线是多么陡峭和激进。银行信贷扩张,而企业的投资回报率并不高。1998年至2017年,中国上市公司平均的投资资本收益率只有3%,远低于美国同期的11.6%。企业收益率不高,还要维持GDP高增长,那只能依靠提高总的投资率,政府直接拉动

基建和房地产。

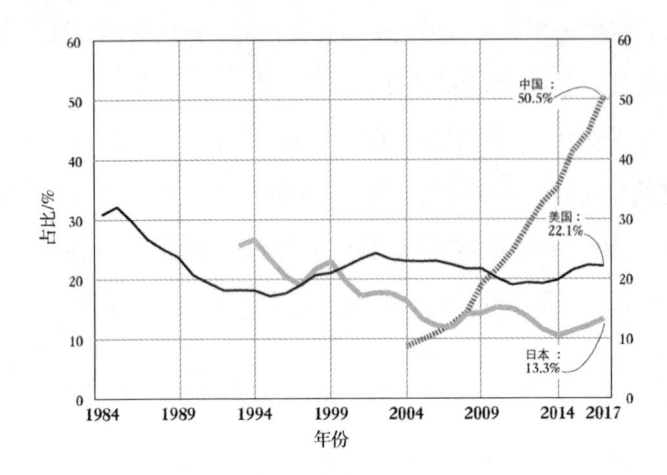

图 1 各国银行业总资产全球 GDP 百分比

（注：图示中国银行业总资产相当于全球GDP的50.5%，美国占22.1%，日本占13.3%）

资料来源：彭博新闻社、美国联邦存款保险公司（FDIC）、日本银行、国际货币基金组织（IMF）

现在各地大力改善营商环境，这是非常好的。但营商环境不是优惠政策越多越好。

企业挣钱难，回报差，这也涉及行业进入（有些行业过度竞争但企业很难转移）以及税负等问题，同时也有企业的素质问题。

压力成因之三：既得利益、特权行为、机会主义的普遍化

"既得利益"是指人们已经获得的权益，本身是一个中性词。但当获得了既得利益的阶层、集团的所作所为不符合"社会效益最大化和效率最优化"的时候，就需要进行适当调整，否则社会将被锁定在过去的路径依赖之中，利益固化，失去活力。

《陷阱还是高墙？中国经济面临的真实挑战和战略选择》指出："最大的风险在于，既得利益集团会阻挠中国领导层进行结构性改革。尽管中国的市场化改革取得了重大进展，但仍然可以清楚地看到一种特殊类型的二元结构。一方面在可贸易部门（如出口行业）存在着激烈的竞争；另一方面，基础产业中的行政性垄断导致效率低下和供给不足，并引起日益增长的社会不满。"

2012年的报告《2030年的中国：建设现代、和谐、有创造力的高收入社会》强调了国企改革的重要性。报告指出，从2003年到2009年，国有企业的股本回报率与民营企业的股本回报率之比下降了一半以上，从93%降至45%；从1978年到2007年，国有企业的全要素生产率增长速度仅为民营企业的1/3；从国有企业占有的创新资源与民营企业相比来看，创新效率明显低于民营企业。国有企业还经常跨越原先设定的经营范围（如许多企业投资于房地产业和影子银行）；国有企业一旦发生亏损，退出市场的难度更大、成本更高。显然，国企握有很大的既得利益，其改革动力当然不足。

压力成因之四：边际增长难度加大，增量分配呈现"马太效应"

中国的国运大势没有变，潜力没有完全释放出来，为什么存在信心迷失的现象？还有一个重要原因，就是在经济基数已经很大的情况下，即使再增长一个百分点，也比过去更难。创新驱动就是为了解决上台阶的问题。而从另一面看，虽然增速降低，但现在一个百分点的增量是几年前的两倍，实际增量规模还是很大的。为什么增量的绝对值很大，但不少企业和个人感受不到呢？这是"赢家效应""马太效应"在起作用。

无论资本市场还是产业经济，这些年都是"强者恒强"，互联网领域更是"大者越大"（大数据积累越多的企业越强大），一般中小企业会感到受挤压。从居民财产看，在总体财富增量中，买房早、买房多的受益就多，现在还没有买房的希望渺茫。这种效应，有些是产业转型升级的必然，有些应该进行必要的调整，以帮助弱势者、新来者不失希望。

客观来说，近年各级政府的清廉程度和效率是有很大提升的，为什么企业和百姓还有这么多意见？这就像爬山，越往上越累，爬得越高越想卸掉更多冗余，因此人们对政府服务有了更高要求。相比这些新要求，政府的进步还不够快。

最后，中美贸易摩擦也是压力的成因。但我认为，压力主要还是由于我们内部长期积累的周期性、体制性、结构性、素质性问题纠缠在一起、一直理不顺造成的。我坚持认为，中国入世后抓住了战略机遇期，中国的发展并不是靠"制度套利"和"机会主义"，虽然我们有很多方面应当改进；我也从不认为美国站在"正义"一方，虽然美国的一些诉求有其道理。但面对特朗普挑起的贸易摩擦，为何国民的立场并不一致甚至很分裂呢？国民对外部事务的看法，在很大程度上受他们内部感受的影响。如果国内的经济社会运行，更多贯彻以人为中心的理念，让他们有切切实实的获得感，外来压力袭来的时候，不用思想动员也能众志成城。

短期应该怎么办？

在当前诸多压力下，应该怎么办？

短期看，政府已经积极行动起来，会上一批基建项目；会加快地方政府专项债券发行进度（不受季度均衡要求限制）；央行增加了对信用债市场的支持，扩大了MLF（中期借贷便利）的担保品范围，相当于鼓励商业银行购买较低等级的企业债券,以扩张信用;银监会下发通知支持基础设施补短板,满足实体经济有效需求。

国务院2018年8月16日的常务会议强调,要向民间资本集中推介一大批商业潜力大、投资回报机制明确的项目,积极支持民间资本控股。会议确定了三项措施:一是下更大力气降低民间资本进入重点领域的门槛;二是取消和减少阻碍民间投资进入养老、医疗等领域的附加条件,帮助解决土地、资金、人才等方面的难题,加强事中事后监管,营造公平竞争市场环境;三是进一步落实好减税降费措施,尤其是营改增等减税措施要抓紧到位。

我在同期调研中从企业和地方听到的建议也有三项:一是在贸易摩擦背景下进一步明确,对因美国加税而受到伤害的中国出口企业给予对冲性的弥补支持,让企业心中有底。二是在经济下行压力下,出台有针对性的税负减免政策,帮助那些债务滚动过程中衔接有问题或暂时遇到困难的企业渡过难关,有企业甚至建议,在贸易摩擦期间,税收征管目标应该是"少增长甚至零增长"。三是对于地方政府的债务要给予历史性的理解,有些债务是因为地方承担了过多事权而分税制下财力不够,所以不得不举债度日。对地方债务不要过于苛责,需要一定的"和解"之道以及切实解决地方财力不足的措施。

我个人更为倾向的方向是加大改革力度。刺激基建,会受地方现有债务规模、再融资能力的约束,基建过度超前,维持起来都是很大负担;减税是好事,但更有效的方法是打破垄断,让过度竞争行业中的一部分资本迁移到那些存在行政性垄断、牌照门槛、所有制限制的领域,这样过度竞争的行业日子会好过一点,而垄断、半垄断部门的效率因为竞争加强也会提高。对于新兴业态,要从牌照管制限制走向开放包容,以实现市场主体一律平等，让消费者来做出选择。

立足长远应该怎么办？

站在改革开放40余年的新起点上，展望更远的未来，我们如何实现新的发展？核心是现代化这三个字。无论是推进国家治理体系和治理能力的现代化，还是建设质量第一、效益优先的现代化经济体系，以及提高社会治理的社会化、法治化、智能化、专业化水平，关键都是现代化。而现代化的真正基石不是物质资本，而是现代性，是支撑各方各面的现代化发展的一整套理念、思维与系统规范。

今天要塑造我们的现代性，从经济社会角度看，关键在于三个方面，即"人本化""顾客化"和"专业化"。

先说"人本化"。十九大提出的新时代坚持和发展中国特色社会主义的基本方略有14条，其中"坚持以人民为中心""坚持人民当家作主""坚持在发展中保障和改善民生""坚持人与自然和谐共生""坚持推动构建人类命运共同体"，这5条都和人息息相关。我们提出构建人类命运共同体，前提就是对人类共同价值的尊重。无论是对外部世界还是对内部国民，都应该把人类共同价值作为驱动寻找中国方式和走中国道路的重要标准。

中国文化中不乏人类共同价值的基因，中国也是《联合国宪章》《世界人权宣言》《中华人民共和国加入WTO议定书》等国际文件的签署国，中国的宪法和社会主义核心价值观也体现了这些共同价值。改革开放40余年的成功恰恰是拥抱人类共同价值的结果：科学、民主、平等、自由、公平、公开、公正、透明、无歧视、团结、容忍、尊重大自然、和平、安全等。尽管还不完善，但中国已经有了很大进步。中国要向世界表示，中国不是要走另一条路，而是走和人类共同价值相一致、和人类文明发展大趋势相呼应的同一条路，只是步伐、工具、节奏不同，中国有信心把这条路走得更好，用这样的价值观推动方方面面的改革和进步。

我们常常强调"中国特色"，很多既得利益部门的行为借口也是"中国特色"。试想一下，可能用不了几年，中国就是全球最大经济体，世界会用更加关注的目光看待中国，如果只讲"我的特色"，"我想怎样都特有道理"，而不强调共同价值，如何能更好地与世界连接？中国在这方面不要有一种"自卑感"，要坚定地用人类共同价值驱动，一步步地、但不可逆地改造我们的一切。人类的共同价值就是我们的终极价值，坚持这一共同价值也是程序性的正义，只有坚定拥抱和践行这些共同价值，才能真正激发人民的新动力。人类共同价值是历史演进的过程，中国要相信自己，要让世界认识到中国价值就是人类共同价值的有机组成部分，中国的存在能让世界变得更美好。

如果遵循价值优先、价值驱动，我们在面对既得利益困扰时就不会犹豫和妥协。我坚信中国必将打破行政性垄断，总有一天所有企业都将不分所有制性质成为一律平等的市场主体，即使是农民的土地也可以作为资产抵押和转让；我相信一个信奉开放的国度会和全世界绝大多数国家一样，在文化、信息、知识密集型服务领域实现开放。因为这都是以人民为中心、人民当家作主的反映，是人类共同价值的体现。建设法治、透明、有限、廉洁、高效的现代政府，建设基础更牢固、更具有创新与竞争活力的市场经济，建设广泛参与的、共建共治共享的和谐社会，这一切的最深处都是共同价值。

再说"顾客化"。"人本化"的落实，就是以"顾客"为本。在互联网时代，在老百姓享受惯了京东物流、支付宝、微信支付这样的生活方式后，互联网天然的顾客导向特征已经默默塑造了他们对于服务的理解和要求。我相信，如果政府机关、企事业单位和所有机构都能把工作的首要重心放在"顾客"身上，千方百计满足他们的需要，每年将"顾客满意度"作为KPI，用群众的反馈倒逼自己去改进，则整个中国社会经济将有一次脱胎换骨的变化，面貌将为之一新，其所传导给社会的正能量以及对社会鸿沟的弥合作用将难以估量，历史悠久的官僚体制和官僚文化也将转型为服务体制和服务文化，并依照成本集约和高效的原则运行。真正为人民服务，人民是能够感受得到的。

最后是"专业化"。要真正实现"顾客为本"，还需要专业化的操守、知识、技能等。专业化分工能提升生产效率，各行各业的专业化水平则衡量着一个社会的文明程度。政府官员热衷于招商引资，精神可嘉，但其中也有一个专业化的问题，不能"只要任内把投资拉上去，哪管以后到底如何"。我观察到的情况是，不少地方引进的产能大大超过所需，一时风光，但很快就出现产能过剩的现象，被引进企业"进也不是，退也不是"。进，就亏损；退，涉及维稳。如果经济不行，收入无保证，社会福利的"支票"却已经开出了，最后必将自讨苦吃，而且苦不堪言。

人本化（人类共同价值）、顾客化（顾客为本、服务化）、专业化（基于客观事实和科学逻辑），如此才能构建起经济社会发展的现代性，进而支持创新中国的建设。创新中国，中国创新，就是我们的下一步。

责任引领未来

最后，我想和大家分享一下数据。

图2的意思是，中国在1987年到2017年的30年间，GDP增长了36

倍；美国从1900年到2017年的117年间，GDP增长了36倍。中国用了30年的时间走过了美国117年的路。这就是当代中国的道路，所以我们无须贬低自己，我们过去几十年的历史是值得骄傲的，也必将载入人类的史册。

"中国速度" = "美国速度"的3.9倍！

GDP实现增长36倍所需的时间：中国1987—2017；美国1900—2017

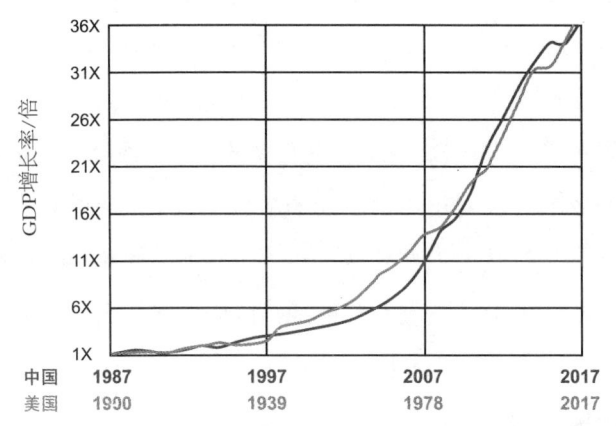

为了实现GDP增长36倍，美国花了117年，而同样的目标，中国只花了30年就做到了。
117/30=3.9，这就是令人震惊的中国速度！

图2 中国（1987—2017）和美国（1900—2017）国家GDP增速对比

数据来源：国际货币基金组织；MeasuringWorth.com

在2017年冬季达沃斯年会上，路透社做了一个民意调查，题目是"哪个国家将会引领下一个10年的全球议程"，共3420个人参与投票，32%的人选择了美国，36%的人选择了中国。当时正值特朗普带着"美国优先"理念走马上任，而中国领导人习近平在达沃斯说："当年，中国对经济全球化也有过疑虑，对加入世界贸易组织也有过忐忑。但是，我们认为，融入世界经济是历史大方向，中国经济要发展，就要敢于到世界市场的汪洋大海中去游泳，如果永远不敢到大海中去经风雨、见世面，总有一天会在大海中溺水而亡。……在这个过程中，我们呛过水，遇到过漩涡，遇到过风浪，但我们在游泳中学会了游泳。这是正确的战略抉择。"他还说："遇到了困难，不要埋怨自己，不要指责他人，不要放弃信心，不要逃避责任，而是要一起来战胜困难。历史是勇敢者创造的。"在这一强烈的对比下，与会者对于中国未来10年的期望超过了美国。面对这样的期望，中国人理当且行且珍惜，而不是自怨自艾。

肯尼迪说："不要问你的国家能为你做些什么，而应该问你能为你的国家做些什么！"反对这一说法的米尔顿·弗里德曼说："自由人既不会问他的国家能为他做些什么，也不会问他能为他的国家做些什么。而是会问：'我和我的同胞们能通过政府做些什么。'以便尽到我们个人的责任，达到我们各自的目标和理想，其中最重要的是——保持我们的自由！"

当前并不是一个容易的时刻。我看见很多问题，也清楚要形成共识去解决问题，不可能一蹴而就，甚至解决问题的过程会很艰难。但我还是认为，无论你站在肯尼迪的立场还是米尔顿·弗里德曼的立场，都有一份责任要担当，都有一个目标和理想去追逐。唯唯诺诺不是我们的宿命，郁郁寡欢不是我们的选项，怨天尤人不是我们的态度。岂能尽如人意，但求无愧于心，我们的心，应该是变革的决心、内在的信心与恒久的耐心。让我们成为化解问题的力量的一员，而不是让自己也变成问题的一部分。

我们到了最需要理性、自立和反思的时候

民间往往最喜欢8这个数字,"逢8必发",是个彩头,但中国经济,逢8之年总是遇到最大挑战。挑战会挑破身上长出的脓包,虽然很难受,但也包含着新生的机缘。

1998年

1998年,中国预定的经济增长目标是8%,实际完成7.8%,主要是受亚洲金融危机冲击和国内特大洪涝灾害影响。

由于1998年上半年经济增长水平只达到了7%,国务院经人大批准后紧急增发1000亿元财政债券投入基建,靠投资把经济增长拉了上去。这一年,中国周边国家的货币大幅度贬值,权衡利弊后,中国坚持人民币不贬值,而是通过鼓励出口,吸引外资,打击走私和骗汇、逃汇、套汇,以避免对外贸易出现大的波动。

1998年之后,中国在亚洲的经济地位有了长足提升。如果当时中国也和周边国家一样,货币竞相贬值,东南亚经济金融将不堪设想。所以,一国的经济地位与其实力有关,也与其对国际社会的态度有关。

从1997年年初泰铢贬值开始,一场金融危机席卷了东南亚。当时,索罗斯猛烈做空东南亚金融市场,马来西亚总理马哈蒂尔愤怒地说:"这个家伙来到我们的国家,一夜之间使人民十几年的奋斗化为乌有。"索罗斯回应:"我没有制造泡沫,我所做的只是加速了泡沫的爆破。"他还说,"看到泡沫,我会先买,理性地去参加。当泡沫成熟时,我就会卖出或者短炒","从亚洲金融风暴来讲,我是否炒作,对事件的发生不会起任何作用。我不炒作,它照样会发生"。

东亚经济曾是第二次世界大战后的增长样板,世界银行1993年出版了《东亚的奇迹:经济增长与公共政策》,总结其经验。但美国经济学家克鲁格曼于1994年在《外交事务》杂志发表了《东亚奇迹的神话》一文,指出东亚经济增长主要是依靠大规模资本积累和密集的劳动力投入,没有真正的知识进步和技术创新,缺乏有效的制度支持。这就是"克鲁格曼质疑"。亚洲金融危机发生后,他又撰文批评东亚国家存在"裙带资本主义"以及股市与房地产的盲目投资。

2018年5月17日,周小川在"经济研究·高层论坛"上说,改革开放40年来,我们没有经历过大的经济危机,但是我们经历过亚洲金融危机,我们对20年前的亚洲金融危机没有利用机会很好地进行总结。

从国内外学术界研究看,危机的原因主要是:

> 透支性的高增长和不良资产的高膨胀,比如东南亚的房地产泡沫,以及韩国大企业过于容易地从银行获得资金,最后的结果却是大量的银行呆、坏账。
>
> 市场体制发育不成熟。政府在资源配置上过度干预,特别是干预金融系统的贷款投向,而且监管体制也不完善。

"出口替代"模式的缺陷。"出口替代"是亚洲不少国家经济成功的原因,但当经济发展到一定阶段,要素成本提高,国际收支不平衡,反过来会抑制出口,此时仅靠资源廉价的优势无法保持竞争力。亚洲国家实现了高增长,但一直没有创造出新的竞争能力,反而在金融、房地产等领域狂飙突进,危机爆发后才发现,金融大繁荣的底座下面是流沙。

在那场危机中,"东方之珠"香港也遭遇重创。香港楼价在1995年到1997年间上涨了50%,1997年到2002年间下跌了57%。2003年SARS爆发后,中原城市领先指数跌至45.71点,即相当于当初在香港楼市投资一块钱,这时只剩下四毛五。由于贷款比例高,还款负担重,在楼市最低潮时,香港有10.6万左右的"负资产"人群。

亚洲金融危机后,中国对此感同身受,审时度势之后,加快了国企改革和国有商业银行改革。当时工农中建在内的国有银行体系被国际上认为已经"技术性破产",2000年前后不良资产率超过四分之一甚至三分之一。但最终,依靠剥离不良资产、国家注资、按照市场化和专业化方式经营等措施,银行业转危为安。中国加入WTO后,企业竞争力提高,新一轮外向型经济增长启动,房地产作为支柱产业持续繁荣,银行业遂有了资产负债表扩张的10年牛市。

2008年

2008年1月21日,上证综指跌破5000点,而上一年10月刚刚创下6124点的峰值。

2008年是股灾之年。3月13日上证综指跌破4000点,6月12日跌破

3000点，9月16日跌破2000点，10月28日跌至1664.93点。一年内破了5个千点关口！

这一年美国次贷危机影响全球，汶川地震也让国人悲情四溢。2008年年初中国宏观调控的首要任务还是"保持经济平稳较快发展，控制物价过快上涨"，9月之后转向"防止经济增速过快下滑"，三次提高出口退税率，五次下调金融机构存贷款基准利率，四次下调存款准备金率，暂免储蓄存款利息个人所得税，下调证券交易印花税，降低住房交易税费，加大对中小企业信贷支持。

2009年，国家在宏观调控上的刺激力度更大，当年人民币各项贷款增加了9.59万亿元，同比多增4.69万亿元；2009年年底广义货币供应量（M2）余额同比增长了27.68%。

关于刺激之利弊，仁智之见颇多，这里不做展开。我想举一个微观上企业如何应对危机的例子——阿里巴巴。

阿里巴巴B2B业务2007年11月16日在香港上市，发行价13.5港元，首日收盘39.5港元，但受2008年金融危机影响，半年多时间股价跌破了4港元。2008年7月，马云给员工写了一封信，叫《冬天的使命》。他说，冬天并不可怕，可怕的是我们没有准备，可怕的是我们不知道它有多长，多寒冷！

> 其实我们的股票在上市后被炒到发行价近3倍的时候，在一片喝彩的掌声中，背后的乌云和雷声已越来越近。因为任何来得迅猛的激情和狂热，退下去的速度也会同样惊人！……我希望大家忘掉股价的波动，记住客户第一！
>
> ……
>
> 机会面前人人平等，而灾难面前更是人人平等！谁的准备

越充分，谁就越有机会生存下去。强烈的生存欲望和对未来的信心，加上充分的思想和物质准备是过冬的重要保障。即使是跪着，我们也要是最后一个倒下！

……

在今天的经济形势下很多企业的生存将面临极大的挑战，帮助它们渡过难关是我们的使命，如果我们的客户都倒下了，我们同样见不到下一个春天的太阳！让我们再一次回到商业的基本点——客户第一的原则，把握危险中的一切机遇。一支强大军队的勇气往往不是诞生在冲锋陷阵之中，而是表现在撤退中的冷静和沉着。一个伟大的公司同样会在经济不好的形势下，仍然以乐观积极的心态拥抱变化并在困难中调整、学习和成长。

……

我坚信这次危机将会使单一依靠美元经济的世界经济发生重大变化，世界经济将会走向更加开放、更加多元化！而由电子商务推动的互联网经济将会在这次变革中发挥惊人的作用！

……

10年以后因为今天的变革，我们将会看到一个不同的世界！

把危机当成变革的契机，回归商业本质，10年之后，马云当时说的话都兑现了。作为企业，无法左右宏观形势，但可以调整自己，变革自己。当然马云很幸运，股市火爆时在香港融到了116亿港元资金，有了过冬的粮草。但如果心态不好，光靠有钱也是撑不下去的。就是在这次危机后，马云提出了阿里巴巴未来10年的发展目标：成为全世界最大的电子商务服务提供商，并迈开了构建生态的步伐。

中信出版社出版过多部关于危机的书，我应邀为两本写过推荐。一本是理查德·比特纳的《贪婪、欺诈和无知：美国次贷危机真相》，作者在次贷行业工作了14年，他说，"做一名次级贷款人意味着你在一个灰色的世界里生活"，"如果说次级贷款行业有什么艺术性可言的话，那就是'无中生有'。……贷款审批人看到这些贷款文件的时候，这些文件已经经过了揉、挤、推、拉的工序，被修剪成现有的模样。""作为借款人，我们没有什么自救能力。如果刷爆所有信用卡的诱惑还不算是十足的坏主意，那要拒绝廉价资金就是不可能的事。无论是买一套更大的房子，以更低的利率进行再融资，还是好好地利用房产权益，这可是一生一次的机会。"什么叫"利用房产权益"？比如，你的房子升值了，你就可以向银行按揭更多钱消费，专业术语叫"资产依赖型的负债消费"。

而萧条是怎么来的？是"非理性繁荣"瓦解崩溃后带来的。

我推荐的第二本书是巴里·埃森格林写的《嚣张的特权——美元的兴衰和货币的未来》。作者认为，美元在国际市场上的支配地位让美国人获得了可观的收益。不同于其他国家的公司，美国生产商收到的是美元，它支付给工人、供应商和股东的同样也是美元，因此不存在货币兑换成本。美国铸币局"生产"一张百元美钞的成本只不过区区几美分，但其他国家为获得一张百元美钞，必须提供价值相当于100美元的实实在在的商品和服务。同时，外国公司和银行所持有的并不仅仅是美国的货币，还有美国的票据和债券，由于它们很重视美元证券的便利性，所以并不要求有多高的利率。

"由于低成本的国外融资，美国得以保持低利率，美国家庭即使入不敷出依然可以照常生活，发展中国家的家庭最终为美国的富裕家庭提供资助。在现行体系下，面对不断扩张的国际交易总量，其他国家为获取所需美元而向美国提供大量低成本融资，而这最终导致了危机的爆发。美国玩火，但在该体系的反常结构下，其他国家却不得不为它提供燃料。"埃森格林预测，"美国在经济和金融管理方面的严重失误将会导致其他国家逃离美元"，"未来，美国或许会遭遇美元崩溃，但这完全是由美国人自己造成的，与中国人无关"。我在推荐语中说："虽然美元的全球地位暂时还没有替代品，但很多货币都已开始'去美元化'的探索；美元霸权并未终结，但美元霸权的终结开始了。"

美国是对人类商业文明发展有很大贡献的国家，美国霸权与美国秩序的形成有其历史合理性，其终结将是一个漫长过程，正如中国崛起也会是曲折前进的"之字形"。次贷危机是美国的危机，但危机蔓延到全世界之后，避险资金又都回流美国，将国债收益率压得很低，帮助美国解困。这有点像1971年尼克松总统突然单方面宣布美元不再和黄金挂钩时，美国财长康纳利说的，"美元是我们的，但问题是你们的"，美元造成的问题却要由美国之外的国家来承受。

不受监督、没有约束的美国，权力依然很大、魅力不断下降的美国，滥权而失理，放在一个更大更长的时空来看，其地位的下降是注定的。

2018年

2018年，又是风云突变的挑战之年，是金融市场压力倍增之年。

过去40年，中国经贸在很多方面是跟着美国主导的规则跑，双方形成了很好的耦合关系和互补效应。原来的赛道很清晰，却在2018年被特朗普的扬尘弄得有些模糊。

我觉得中国好像一架大飞机，飞得很高很快，其中有"中国动力"的作用（开放的市场经济、创业者劳动者的红利、政府的帮助之手），但也有"过度透支"的作用。现在既要在动力这部分"加油"，又要在透支这部分做一次"大维修"。空中加油不难，空中大维修不易。因为大维修涉及换零件，要把一些无用的、低效的、有副作用的零件清理掉。这些"零件"不是没有血肉和情感的"东西"（thing），而是活生生的利益群体，是人。这就难了。

中国的货币乘数快速提升，经济快速货币化，2012年到2016年银行理财的年复合增长率高达75%，金融业增加值占GDP之比从2005年的4%增加到2016年的8.4%，超过日本1990年的高点6.9%以及美国2006年的高点7.6%，金融业成了28个省份的支柱产业，2017年资管市场规模超过100万亿元。但是，货币供给扩张对经济拉动的效用却逐步下降，大量企业靠借新还旧、质押股权等过日子，不符合贷款条件就走资管通道。根据银行业自媒体"轻金融"统计，2018年开始，个别中小银行的不良率又到了两位数，甚至接近20%。

怀抱理性、自立和反思精神

有人说中华民族到了新的危险的时候，在我看来，我们到了最需要理性、自立和反思的时候。

我们需要理性的繁荣，而不是非理性的繁荣。所谓理性，就是以客户为中心创造真实价值，或者投资那些真正为客户创造价值的企业；就是做你真正懂的事；就是高度关注现金流；就是要明白，企业的盈利只有在高于其资本成本时才能给股东带来回报。

我们需要自立的精神，自己对自己的行为负责任，对结果负责任。

一个规则不公平、资源配置被"看得见的脚"踩来踩去的市场，不是有效的市场。不自立的企业，不管是国企还是民企，都不值得尊敬，甚至没有尊严可言。作为投资者，自立表现在自主决策后自担风险。

我们需要认真地反思，用尼采的话，就是"重估一切价值"，反思我们的文化、教育、市场、法治、政府服务、企业治理、公民素质等。最大的反思对象应该是自己，最核心的反思应该是——我们的每一种经济行为，是在浪费资源、时间，还是在创造价值？是在扭曲规律，还是在顺应规律？是带给人们长期稳定的预期、发挥其自由全面发展的内在动能，还是抑制其雄心，消融其斗志，诱导其机会主义心态的萌发？

一切皆有可能。凡事都不简单。如站在2018年这个树欲静而风不止的时刻，重温肯尼迪那一句"不要问你的国家能为你做些什么，而要问你能为国家做些什么"仍有启示。当每一个人，特别是拥有更多资源调度能力的官员和企业家以及社会公共服务的管理者，能够怀抱理性、自立和反思精神，不浪费资源，善待周边利益相关者的时候，自然就是在为国家出一份力。

在另一个维度上，国家如何坚持以人民为中心，坚持人民主体地位，把人民对美好生活的向往作为奋斗目标，依靠人民创造历史伟业，在2018这个风雨骤起之年也显得更加重要和迫切。力行法治公平，保护契约履行，建立竞争性市场，鼓励多元化的社会氛围，补民生短板、让弱有所扶，促进公平正义，缺一不可。

40年风雨兼程，新40年雄关漫道，我们人人负责，共创下一个让我们内心更踏实、更平和、更骄傲的中国。

"民企之困"如何走向"民企之春"

大家都有点焦虑时,聚会就会增多。这不,又要参加一场沙龙,头脑风暴,抱团取暖。与会者来自经济、证券、实业、研究、媒体等方方面面:

"喂,有没听马云的最新演讲?说未来10到15年制造业的痛苦远超今天大家的想象,说贸易争端不可能两个月、两年解决,要有20年长期思想准备。"有人说。

"我快被电商搞歇菜了,还能痛苦到哪里?"做零售的老板嘟囔着,"我关心的是特朗普有没有可能被弹劾掉?"

"那不可能,你看美国股市有多好!减税,企业利润提高,股价就涨;家庭财富净值创新高,失业率也降到3.9%。再看看A股!"有人回应。

"A股也快到底了吧,你看上市公司半年报,二季度市场大跌时,QFII一直增持,9月阴跌这一段,一些QFII还在加仓。老外对A股的态度好像比我们正面。"基金公司的人说。

话题从股市转向楼市。"房地产是个大问题啊,上也不是下也不是。最近郁亮在万科月度例会中说,方方面面都进入了转折期,万科战略检讨的结论是四个字,'收敛''聚焦',要把'活下去'作为未来3年的基本要求。碧桂园的中报里也说要降低增速了。"有人很担心。

"房地产的好日子太久了,是该降降。几千家A股公司市值加在一起才等于6个'苹果',几个一线城市就相当于美国房地产市值的一半,是不是太夸张?要我说,最近中国经济的亮点是小米、拼多多、蔚来、美团这些有新模式、新动能的公司成功上市,海底捞也要上市了,只不过都不在A股。还有就是技术创新,华为、阿里巴巴、大疆、商汤科技这样的公司都在大力投入研发。如果研究开发在GDP中的占比越来越高,而不是像过去那样,都靠基建和房地产投资,经济转型才有希望。"

这位抨击房地产、偏爱独角兽的仁兄滔滔不绝,但很快也被质疑,依据是滴滴的危机、独角兽的亏损、共享单车的一地鸡毛以及投资圈里蔓延的寒意。

三言两语,你来我往,说到了民企。

民企对中国经济意味着什么?全国工商联主席高云龙说是"56789"——民营经济对国家财政收入的贡献占比超过50%,GDP、固定资产投资、对外直接投资占比均超过60%,企业技术创新和新产品占比超过70%,城镇就业占比超过80%,对新增就业的贡献占比超过90%。

经济学教授说:"对民企再怎么重视也不过分,因为民企乃就业之本。1978年,我们只有14万城乡个体劳动者,而到2017年年底,我们有6580万户个体工商户和2726万家民营企业,民营经济支撑起了就业的根基。"

经济增速放缓以来,民企到底是什么情况?是全线困难、一蹶不振,还是结构性调整、有喜有忧?

"不能一概而论。有民企之困,也有民企之新,像小米、OPPO、vivo、海底捞都很亮丽。吃的穿的行业都有很多网红品牌、潮品牌。要分门别类地看。"金融数据公司的分析师拿出一沓数据,分析开来。

"民企大致可以分三个层次:上面是上市公司,中间是规模以上企业(规模以上工业企业标准是年销售额2000万元),最下面是广大的中小微行业。

"先看上市公司,根据《2017年民间投资与民营经济发展重要数据分析报告》,到2017年11月30日,A股3444家上市公司中,民企占2101家,2017年前11个月新上市企业中民企占86.7%;剔除利润最多的金融行业后,民营非金融公司有2095家,整体营业利润率为9.5%,它们以占比22.5%的资产完成了占比31.1%的利润,盈利能力高于其他类型的企业。这说明,民企上市公司的竞争力是比较强的。

"再看深交所披露的2017年上市公司年报,披露年报数据的有2105家,共实现归属于母公司的净利润同比增长20.58%,其中主板公司增长35.62%,中小板增长18.89%,创业板降低15.21%,剔除业绩波动剧烈的权重股温氏股份和乐视网后,创业板净利润增长4.43%。这说明,民企主导的中小板特别是创业板,新兴产业、科技公司比较多,成长有波动性,还不稳定,但不是一团漆黑。从2018年上半年上市公司数据看，地方国企、央企、民企的利润增速均比2017年上半年有15%～25%的增长，民企的增速还高于央企。通过这些上市公司的数据看，民企的表现还是可以的。

"但此时的民企确实遇到了困难。一是不少民企上市公司大股东的股权质押，因为股市下行，跌破平仓线，不得不出让控制权；二是规模以上工业企业中，民企的利润表现落后于国有控股企业，而且落后还比较多；三是中小微民企因为金融紧缩、环评提高等原因，经营上的困难大大加剧。"

听了分析师一席话，大家明白了，当前民企之困不是全局之困，是结构性之困，越往下越困难。至于困难的原因，大家有些看法是一致的，比如整个消费增长趋缓、中美贸易争端造成心理冲击，这是所有企业都要面临的，民企比较特有的问题是在"权利平等，机会平等，规则平等"方面还没有真正得到公平待遇。也有人直言，一些民企的危机更多是自身因素，如过度投机、高杠杆式粗放扩张、低水平重复建设、没有与时俱进转型升级等。还有人说，不少民企过去在劳工待遇、环保要求、税费缴纳等方面的标准比较低，现在要补课了，就不适应了。因此，国企要改革，政府要改革，民企也要改革，要提升素质。国企、政府、民企"三改齐发"，"民企之困"才能走向"民企之春"。

第一个讨论的问题是"税费"。

经济学教授说话了："我来给大家讲两组数字。一组来自世界银行前两年发布的营商环境报告。在不含增值税的情况下，中国企业的税费负担（税费额/利润）是67.5%，在190个经济体中排第131位，对比起来，美国是44%，瑞典是49%，德国是49%，印度是61%，东亚和太平洋地区平均为34%。我们税费中的社保费占企业利润的49%，美国是百分之十几，瑞典是高福利国家，也只有35%。第二组数字是关于社保的，中金公司最近测算，明年社保征收交由税务部门进行后，如果缴费基数完全规范化，同时也不降低社保费率，征缴收入可能增加7000亿元左右，其对整个上市公司的影响是盈利会下滑3%，民企上市公司利润下滑约8%，中小创公司利润下滑约9%。很多民企利润很少，好比走在钢丝上，风再大点真的就会被吹下来。"

政府官员的看法则有不同："关于社保征缴，国务院常务会议说要按'总体上不增加企业负担'的部署，确保现有征收政策稳定，对历史形成的社保费征缴参差不齐等问题，严禁自行集中清缴。但大家也要看到，为什么这一点国企很少提意见？说明国企相对规范。《中国企业社保白皮书2018》说，中国目前只有27%的企业社保缴费基数是合规的，15.8%的企业是按固定工资缴纳，按缴费下限缴纳的企业占比为31.7%。就是说，我们表面税率高，实际负担没有那么厉害。靠少缴社保费总不是长久生存之道吧。"

做企业的接过话头："你这真有点站着说话不腰疼了。现在国企解决了多少就业？民企解决了多少就业？国企资金密集、技术密集的程度高，大机器生产，用工成本在总成本中占比不高，而民企很多都是劳动力密集型，没有国家投资，自己找饭碗已经不容易了，特别是小微企业，利润率那么薄，用工成本占总成本的比例又比大企业高很多，如果硬要它交，那只能裁员或关门。怎么办？还有个问题，在各地的企业工资统计过程中，因为中小微企业比较分散，很难统计到，它们收入低、在统计中又被忽略，导致各地确定缴纳社保的工资区间对它们而言实际上相对偏高，它们本来没那么高工资，按偏高标准缴社保，根本没能力！"

结论：企业税费偏高，社保费的标准更高，对更偏向于劳动密集型的民企来说，无论税收还是社保，足额规范征缴至少目前不现实。苛刻地一刀切，很可能一片片倒下。

第二个讨论的问题是"爆仓"。

券商投行部的人说："我这些年一直服务民企上市公司，没看过2018年这么惊心动魄的情况，那么多中小市值公司的股价跌掉一半，甚至百分之七八十。大股东的股票质押跌破平仓线，债务危机一触即发。此时谁不差钱呢？央企和地方国资。它们积极'买壳'，2018年已有20多家民企上市公司向国资转让了控制权。如果不是'窗口指导'不许轻易平仓，我估计有好几百家上市公司大股东要换人。到2018年9月中旬，350家上市公司董事长离职，2017年已经离职了478位，如果接下来还有爆仓的，估计从2017年到2019年，上市公司董事长离职的会突破1000人，且绝大部分都是民企。"

媒体提问:"那你觉得,这种控股权的'国进民退',是有意为之的部署,还是市场下跌后的自然结果?"

券商人士回应:"应该说,是资本市场下行等一系列客观因素造成的综合结果,并不是政策方向所导致的。但从一个更大的视野看,民企纷纷爆发债务问题,不得不卖壳,和它们在融资、发债评级、银行资金接续等方面天然不利的条件又是分不开的。'去杠杆'是大势所趋,不去确实不行,但金融机构都厌恶风险,民企就会首当其冲。"

券商人士把大股东遭遇危机的关键原因讲了一遍。

一是和定向增发(指向特定投资者非公开发行)有关。2006年推出的定增,意味着放宽上市公司的融资条件。资本市场一度有90%多的股权融资都通过定增。2012年前定增没有太大问题,个别发行有困难的公司,大股东来做保底,支持上市公司融到钱。2013年之后定增变味了,股市走势向上的情况下,有券商发报告提出"万点论",2014年至2015年很多大股东主动要求保底,他们看到的都是赚钱机会,比如股价15、16元时,大股东在13、14元的价位搞定增,最高能涨到60元。大股东保底,谁给他资金呢?银行、国企。他们也觉得定增是个好品种。随后私募也进来了,大家携手帮助大股东配资,先是1:2配,再后来通过夹层甚至按照1:9配,这样一来大股东的利润非常可观。

2015年股市大跌,但之后定增还是很受欢迎,因为当时大家认为3000点是底部,定增很安全。所以大股东继续保底当"劣后"(指给参与定增的优先级投资者固定回报,他拿剩余收益)。谁想到股市这一年多来,受伤最严重的就是中小盘、创业板。这时所有参与定增的人都是输家，一些大股东东挪西借要兑现承诺给别人的固定回报，陷入了债务危机。

二是与股权质押有关。大股东的财富都在上市公司，靠股权质押融资最方便，有的大股东把几乎100%的股权都质押了。这有客观原因——股市上涨时上市公司习惯做并购，但由于程序慢，审核时间不确定，所以大股东先用股权质押，融资把资产先买下，再注入上市公司。股市好的时候，券商争先恐后帮助大股东做质押融资，券商的资金成本是4%~5%，融给大股东的资金可以达到7%~8%。大股东股权质押融资后就买资产、进军别的产业、买别的"壳"，等等。但股价下来了，这个模式就不成立了，如果没钱补仓，股权就要由债权人处置。这中间又赶上了"质押新规"，比如原来可以按面值6折质押融资，突然收缩到3折，还有"减持新规"，对大股东减持股票有时间和数量上的严格限制，无法通过减持变现，于是纷纷爆仓。

券商人士："所以从目前上市公司这些'国进民退'的案例看，应该说是一种市场行为。历史上，民资收购国企比较多，特别是'国企抓大放小'那个阶段，国企真的不行。现在国资入主一些民企，不是说企业本身不行了，而是大股东因为爆仓，公司易主了。'消灭'了大股东，但企业还在，还正常运行。"

媒体继续提问："照你这么说，大股东遭遇'国进民退'的局面很正常。但国企就没有债务问题吗？负债累累的城市投融资平台公司就有现金流还债吗？为什么银行还在支持它们，而民企只能卖股权？还有，大股东股权质押，有多少是正常的融资需要,又有多少是偷鸡不成蚀把米的投机?"

券商人士:"问得有道理。国企和民企在金融资源供给方面待遇不同,是事实,这是我们的市场文化,一时改不了。最近这两年'去杠杆',金融机构加强风控,打击'非标'(指未在银行间市场及证券交易所市场交易的债权性资产),收拾空转资金,这对以往的高杠杆融资造成很大冲击。其实很多国企和政府投融资公司也是高杠杆,也亏损,但它们是有办法的,可以缓冲的,银行会保的,而民企没有'保护伞',资金链说断就断。比如企业发债,国企是AA+,民企只能评到AA,那民企发债的利息就高,而且根本发不出来。因为市场上充满对民企的不信任。所以,一刀切去杠杆、收缩流动性,会错杀一些只是一时资金紧张的企业,信用一收缩,大股东为避免信用违约、不连累上市公司,甚至被逼去借P2P和高利贷,还利息都是不小的数目,这就形成了'负反馈'。

"但是大股东自己确实也要反思。虽说融资难,但上市公司比起中小微,融资出路还是很多的。如果不是过去太激进,太金融化,很多大股东死不了。

"至于说正常融资和投机性融资,这个很难区分,也不能说一爆仓就是投机惹的祸。因为大股东融资也是有成本的,年息至少百分之七八,他不会轻易去赌。当然,很多大股东对自己过于自信,以为干什么都能成功,这是激进的内在原因。而观察那些优秀的上市公司,会发现负债率总体是不高的,有的甚至是零负债。"

结论：上市公司控制权的"国进民退"，并非政策所向，而是诸多市场和企业因素共振的结果。民企从中也要吸取教训，加强风控意识，特别要警惕把经营性融资搞成资本投机。

第三个讨论的问题是"过桥"。主要是中小企业的融资难、融资贵。

一家投资公司老板说："我们前两年投了一些中小企业，它们现在最大的困难是，银行为了规避风险，要求还了旧贷之后才能贷到新款，不少企业只能靠借高利贷的'过桥资金'维持，就像《人民的名义》里的蔡成功。这样不仅成本加剧了，而且即使'过桥'了，银行也可能以额度不够等原因不再续贷。尽管银保监会要求银行落实'无还本续贷'，但实际操作中，'过桥'还是极为普遍，弄不好就落水。像我老家，一个省只有两个市明确要求'无还本续贷'，大部分地方都要'过桥'。"

大学教授问："我听银行的人说，不是他们不愿意支持中小企业，实在是风险太大。它们提供的资料很多都不准确。你觉得踏踏实实做企业、只是资金困难的比例有多高？骗贷或者故意给银行挖坑的比例有多少？"

一个做小微金融服的说"那你真的搞错了，中小企业不是那些把投资者本金当利润、乱来一气的P2P，我敢说95%以上都是老实人。同时我也主张，对于真骗贷的，建立黑名单，提高违规违法的成本，让他身败名裂，形成震慑。"

他又接着说："我觉得80%以上的企业是不会故意骗贷的。大多数企业非常看重诚信。现在的问题是，再讲诚信的企业也要'过桥',一弄就是几个星期,赶上银行班子调整或者领导出国,一两个月也很正常。'过桥'期间要借高利贷,要收缩生产,有订单也做不了,对外该付钱的先不付,由此带来的损失很大。还有,银行的再贷款要求企业提供很多单据,比如原材料购货单,企业这时候已经收缩生产了,不可能有那么多单据,所以企业被逼着和社会上的中介合作,造假流水单。

"还有一个问题就是融资贵。我们做小微服务的资金来源于大型国企,现在不少大型国企的钱花不完,而且银行给的贷款利率向下打折,所以它们成立金融服务机构,给周边中小企业贷款。资金差价就是利润。而民企直接去贷款,上浮个百分之几十很正常,日子当然没有国企好过。"

结论:中小民企普遍面临融资难、融资贵的问题。首先,对于因资金短缺和流动性不足陷入困难的民企,要有更大的容忍度,要尽可能站在企业立场思考问题;其次,加强诚信体系建设;最后,银行成分歧视的有色眼镜要尽可能去掉。

第四个也是最后一个讨论的问题是"损益",即国企民企的利润情况。

政府官员开了个头:"我觉得今天的讨论很好,立足事实,着眼于解决问题。现在最怕胡子眉毛一把抓。我觉得这几年政府不断强调'两个毫不动摇''一视同仁''放宽准入''坚决消除各种不合理障碍',出台了很多文件。最高人民法院也专门有个通知,依法保护企业家人身财产权利。说政策'走回头路''开倒车',这和事实不符。

"但正如大家的反映,民企确实遇到了很多困难。我是这么看的,这可能是整个国家经济结构调整过程中的阵痛。过去粗放增长,高杠杆驱动,产能过剩严重,环境也破坏得厉害,所以要搞供给侧改革。改革总是有代价的。大家可能不记得了,20世纪90年代末国企改革,从1998年起用3年左右时间压缩淘汰落后棉纺锭1000万锭,分流安置下岗职工120万人,很残酷,但整个行业2000年扭亏为盈。那时是'国退民进',纺织工业部撤销了,国家对纺织行业几乎不再提供补贴和政策优惠,纺织行业国有企业从2003年的1754家下降到2008年的1175家,但这个行业垮了吗?没有,中国入世后纺织出口全球第一,遥遥领先。因为民企成为主力军,2008年规模以上纺织企业的数量达到3.3万多家,形成了'万紫千红总是春'的态势。

"大家提到国企现在日子比较好过,其实这也是一件好事,可以为国家做更大贡献,可以多划拨一些国资充实社保。社保充实了,就可以把社保费率降下来,这不就帮助民企了吗?所以我想,国企民企在不同的时代是有办法形成互补的,不是对立关系。"

经济学教授拿出一沓数据,说:"'两个毫不动摇',这个我相信。但现在也要正视现实,就是近两年国企和民企的效益出现了显著反差。"

根据国家统计局关于全国规模以上工业企业实现利润的数据,从2016年到2018年这3年来看(为体现可比性,均为1—7月数据),国有控股企业利润同比增长速度依次分别是:-6.1%,44.2%,30.5%。私营企业的相关数据是:8.7%,14.2%,10.3%。国企利润突飞猛进,主要是在上游生产资料领域占主导,而生产资料价格上涨明显。可以看一下国企主导的一些行业2016年到2018年(均为1—7月)的利润同比增长情况:采矿业是-77%,790%,53.4%;黑色金属冶炼和压延加工业是130%,100%,97.8%;煤炭开采和洗选业是-19%,1370%,18%。相比起来,制造业这3年的利润同比增长为12.8%,18.1%,14.3%,明显不如上游,而制造业是民企的基本盘。同时,规模以上企业的数量每年是动态调整的,一些倒闭的企业不再进入下一年统计,根据招商证券丁安华的研究,倒闭的企业主要是民企。如果考虑到这个因素,民企的利润表现会更差。

而仔细分析上游行业利润的成因,主要是靠"去产能"之后的提价。

以钢铁为例,根据中国钢铁工业协会等组织的数据,2016年是化解过剩产能开局之年,在化解了超过6500万吨粗钢产能后,钢材价格震荡上涨,重点统计钢铁企业全年实现销售收入同比下降1.8%,盈利却实现了303.78亿元,而2015年同期为亏损779.38亿元;2017年,得益于"去产能"和清除"地条钢",规模以上钢铁企业实现主营业务收入同比增长22%,行业利润同比增长178%;2018年上半年,约380家主要钢企实现销售收入同比增长15.33%,利润则同比大增151.15%。利润增速远超收入增速,主要拜价格上升所赐。以螺纹钢为例,2015年最低时1吨1600元,2018年1吨4200~4300元。

教授念完数据,叹了口气:"国企赚钱是好事,但上游行业的利润增长是靠价格不断上涨,成本压力就会传递给中下游。由于民企所在行业的竞争十分充分甚至过分,很难将压力再向终端传导,所以就会倍感艰难。国企掌控着许多资源,有独特的资源红利,如果这类红利继续扩大,我认为绝非国企改革的正确方向。"

结论:要真正贯彻"两个毫不动摇",将其落到实处,就必须尽可能将政府手中的各种经济资源,包括牌照、许可证,通过市场化改革,惠及更多主体,而不是直接用行政手段让国企独享。

2015年曾是国企的艰难时刻。当年规模以上工业企业中,国有控股企业实现利润总额10944亿元,私营企业实现利润总额23221.6亿元。

经过2016年开始的供给侧改革,到2017年,规模以上工业企业中,国有控股企业实现利润总额16651亿元,私营企业实现利润总额23753.1亿元。

中国经济有其独特的形态、结构与制度特征,把"国"与"民"对立起来,并不能解决问题。然而,现实告诉我们,现在是到了要将国企改革、政府改革、税费改革等统筹推进,真正落实"让市场在资源配置中起决定性作用和更好地发挥政府作用"的时候了。最佳的路径也许是,通过国资改革,增加划拨社保的国资比例,社保充实后降低社保费;将更多有资源红利的领域向民企开放,体现公平竞争的原则;简政并节制政府支出,降低增值税和所得税的税率;民企在轻装上阵的同时,增强社会责任,提升自身素质,迈向更高质量的发展。

如果不从总体上采取系统措施并坚决贯彻,"两个毫不动摇"在实践中可能会一手硬一手软,而这对中国的未来绝不是福音。

我从不怀疑增长,只是担心发展

在2019年的早春,我们国家的经济出现了一些变化,最突出的表现就是政策暖风接踵而至。

这一年1月份,作为金融支持实体经济的指标,中国的社会融资增量达到4.64万亿元,新增人民币贷款3.23万亿元,均超预期地创下历史新高。强劲的信贷,既预示着新一轮的宽信用周期的开启,也意味着中国经济不存在大幅回落的可能。

新基建热潮扑面而来。它主要包括7个方面:5G基站、特高压电网、城市高速铁路和城市轨道交通、新能源汽车充电桩、大数据中心、人工智能和工业互联网。对此,政策都将大力扶持,或补贴,或政府直接投资。根据规划,"十三五"期间(2016—2020年),我国交通运输总投资规模将达15万亿元。未来4年,高铁将覆盖80%以上的城区人口超过100万的城市,新建改建的高速公路将基本覆盖20万以上人口的城市,城市轨道交通运营里程将比2015年增长近一倍,将新增通用机场200个、民用运输机场53个,基本覆盖20万以上人口的城市。

地方债提速发行。按惯例,地方债在全国两会之后下发。经全国人大授权，国务院允许地方政府从2019年1月起发行地方债。从1月21日首只地方债（新疆）开始，只用了10天，就发了95只，约4180亿元。

2019年1月初，国务院常务会议决定再推出一批针对小微企业的普惠性减税措施，如：对小型微利企业年应纳税所得额不超过100万元、100万元到300万元的部分，税负降至5%和10%；对小规模纳税人的增值税起征点由月销售额3万元提高到10万元；等等。政策实施期限暂定3年，预计每年可再为小微企业减负约2000亿元。

当月，体育总局、发展改革委印发了《进一步促进体育消费的行动计划（2019—2020年）》。这是一个信号，各部门开始出台行动计划，以落实2018年9月中央和国务院关于进一步激发居民消费潜力的文件精神。

2019年2月份，《关于加强金融服务民营企业的若干意见》和《关于有效发挥政府性融资担保基金作用切实支持小微企业和"三农"发展的指导意见》也随即出台了。

……

暖暖的春风迎面吹，桃花朵朵开。2018年愈演愈烈的对中国经济的悲观情绪正在被遏制。这再一次提醒我们，中国经济最大的特征就是有两个"经济人"，一个是市场中的企业，一个是手里有很多张牌的政府。

可是天下没有白吃的午餐，政策也是有成本的。

2018年全国地方债限额接近21万亿元，一年利息支出就要几千亿元。如果所投项目不能产生应有的效益，只靠借新还旧，最终是撑不下去的。各地的"半拉子工程"和"白象工程"[1]真的不少了。

---

[1] 指昂贵无用、华而不实的政府工程项目。

之前，发展改革委叫停了某些地方的地铁项目，特别是地方财力和基建所需资金完全不匹配的项目，防止地方财政风险进一步加剧。后来，风向急转，开始加速批复，思路变为"交通设施还存在不少短板弱项，发展空间较大，是促进有效投资的关键领域"。不是说政策不能调整，而是说如此短的时间，截然相反的方向，实在不能不让人对决策依据的科学性、准确性产生疑问。

我写这篇文章，主要不是讨论投资拉动问题，而是因为在研究2018年上市公司表现时，深感大量中国企业并没有沿着效益为本、提升核心能力的发展路径，还是习惯于外延扩张，把资本运作和撬动政府资源当成两大经营手段，精力用在夸大其词炒作未来故事上，最后一地鸡毛，害人也不利己。

2019年春节前，伴随商誉减值风险的集中爆发，一批A股公司开始"比惨"。截至2019年1月31日，404家A股公司预告2018年业绩为"预亏"，106家预亏上限超过10亿元。国信证券的研究报告指出，经查阅近700家创业板上市公司的业绩预告，2018年第四季度创业板单季亏损近300亿元，创历史之最。其主要原因是2013年之后的外延式并购，没有兑现应有的业绩，因此，必须对通过并购形成的商誉进行减值。但在"财务大洗澡"把能减的商誉都减了之后，创业板的净资产回报率有可能上升，迎来一个拐点。

这是什么意思呢？就是通过把2018年业绩做得更亏，一次亏到底，未来业绩不就好看了吗？这些公司还是在动"利润调节"的脑筋，而不是反省这些年，自己到底创了什么业？有什么创新？

华谊兄弟曾是创业板的明星公司，预计2018年亏损10亿元。董事长王中军1月30日在机构调研时说："我感觉很抱歉，但不用追溯市场原因，我们还是以反思自己为主。"他反思华谊犯的错误，包括"执行力不足""花钱大手大脚""员工互相甩锅"等。他说2019年会逐步剥离和电影、实景关联较弱的业务与资产，回笼资金，优化债务结构，把这些钱拿来把内容制作做好做强，收掌为拳，强化核心竞争力。

如果2019年金融市场以宽松为基调，对华谊兄弟这类长期投资比较大、资金占用比较多、资产流动性不太好的公司，肯定会有帮助，但如果还是偏离初心，不聚精会神做好内容，纵然能通过投资赚些钱，也不会成为一家优秀公司。

乔布斯曾经说："公司是人类最神奇的发明之一，公司非常强大，但即便如此，我创建公司的唯一目的是产品，公司只不过是手段。"

而在中国资本市场上，太多公司不是把心思用在产品上，而是用在所谓"市值管理"上。

为什么要做公司？怎样做公司？什么是公司成功的标志？这些根本性的问题不想清楚，中国公司还是会好了伤疤忘了疼，一次次在老地方摔跤。

事实上，我们中国并不缺乏优秀的、低调的、真正把一个产业的规律弄明白并做出世界级产品的公司。前些年的康得新就曾有这样的潜质。但这些公司的领导人，大多都是低调的，悄无声息地当隐形冠军。2018年以来我一直跟踪研究的一个对象是中国巨石股份有限公司总裁张毓强，中国巨石是世界玻纤的产量冠军，张毓强旗下还有一家做风电基材的公司，叫恒石基业，也是世界第一。这些公司的质量、技术走在世界前列，在国外办了工厂，效益很不错。中国巨石还是2018年第五届中国工业大奖得主之一。只不过大众很少知道这一类to B的公司。张毓强对我说，他们的成绩是通过几十年努力一点一点做到的，即使到今天，依旧充满挑战，只能专心致志，不能贪慕任何华而不实的东西。

张毓强给我讲过一个故事，浙江有家规模很大的民企集团，做他们的供应链管理。他们的一部分原材料，放在那家民企的物流园里，随时用，随时运来。"他这个生意要规模化采购，占用的资金量很大，而我是用多少付多少钱，不进我的工厂不算我的成本。他为什么要做这样的生意呢？因为他想做大，需要把流水做高，规模进入几百强，地方政府需要这样的政绩，他可以问政府要更多土地，银行也愿意支持'大而不倒'的企业，给他更多资金支持。他有了很多钱和优惠条件，就四处收购扩张，要做得更大。结果2018年资金链断裂，拖累旗下的上市公司也出了问题。"

中国需要增长，也有潜力增长，对此我从不怀疑，但我们一定要防止"没有发展的增长"。

我们要深思，为什么中国经济的投资率这么高，但投资的效率并不高。

高质量发展，在宏观上的表现应该是全要素生产率（TFP）的提高，而不是GDP增速和股票指数；在微观上的表现应该是效率、效益和核心竞争力的提高，而不是靠政策套利和资本运作就能赚大钱；在制度环境上的表现应该是市场化和法治化合二为一，而不是忽冷忽热缺乏稳定预期；在商业文化上的表现应该是正道光明，"doing well by doing good"（行善得福），而不是骗与瞒、不负责任地瞎吹以及互害。

机会主义是高质量发展的最大敌人。它可能来自经济的任何方面，政策、企业、市场监管、投资者文化等等。

丘吉尔曾说，永远不要浪费一场好的危机。（Never waste a good crisis.）

如果说，中国经济在2018年事实上经历了一场危机的话，当我们一起渡过危机、创造新的生机的时候，不能只是用拉动增长的方式，更要用发展内涵、提升能力的方式。政府在经济托底方面有很大作为，但在驱动创新方面，更应让市场发挥作用。

如果简单轻易就能解除一场危机，那只能说明危机可能暂时被搁置了，而不是真的消失了。没有深刻的自我反思与自我超越，我们在危机时犯过的那些错误，将不可能真正得到纠正。

别人可以读不懂中国，我们不能读不懂自己

世界上最遥远的距离，是有人用我熟悉的文字，说着我陌生的话。

无论是美国副总统彭斯的讲话，还是彭博商业周刊的报道，我都再一次想到"后真相"这三个字。他们的大量时间都消耗到这样一项工作中，就是用丰富的想象或者联想，与选择性裁剪的事实结合，绘制他们眼中的中国真相。

这样的工作并非始自今日，但今日尤甚。其特征是"诉诸情感及个人信念，比客观事实更能影响民意"。

这是2016年11月22日《牛津词典》宣布2016年度词汇是"后真相"（post-truth）时的定义。它反映了这一年——特朗普当选美国总统和英国脱欧——在政治上的高度紧张状态，也反映了随着社交媒体越来越成为新闻的来源，人们对传统主流媒体提供的事实越发不信任，事实和真相正陷入虚无化。

后真相时代，立场越极端，敌人越鲜明，越容易迎合和操控民意。这个时代流行的，是断言、猜测、感觉，是通过对事实进行"观点性包装"，强化、极化某种特定看法。

后真相时代，政治正确永远高于事实准确。所以"后真相"主要在政治领域展开，即"立场重于事实"的"后真相政治"。它和盲人摸象有相似之处，也不完全相同。盲人摸的时间越多，摸的部位越多，会离大象越近。但被"后真相"主导的人，摸得再多、再久，也摸不到大象，摸到的永远是假象。

正如从特朗普到彭斯，反反复复声讨中国干预美国中期选举，能举出的例子，无非是《中国日报》在《得梅因纪事报》上用广告方式刊登了四个版面的内容。这些内容都是《中国日报》报道过的，涉及中国的方方面面，关于中美贸易争端的只有一篇。在两国关系交好时，对此类"供版合作"，美国政府予以肯定。现在则是"干预内政"的证明。

有人说《中国日报》的广告选错了时机，其实，在后真相时代，即使没有这个广告，彭斯还是能从美国智库那里找到其他佐证。

彭博是世界著名的金融数据供应商。2009年美国次贷危机后，《商业周刊》经营困难，被彭博收购，更名为《彭博商业周刊》。它在2018年10月4日刊登了一篇引起轩然大波的报道，说一家由台湾技术人员创办的生产服务器主板的公司超微（Super Micro），在外包给大陆的工厂生产时，被解放军搭载了铅笔尖大小的"间谍芯片"，从而侵入苹果、亚马逊等30家美国公司。且不说硬件方面的"后门"如何实现，如果设计者不参与，只靠在供应链上做"工程变更"极其困难，即使真的发生，也只是极个别情况；而且苹果和亚马逊这两家市值万亿美元的公众公司，都已迅速发出声明，苹果从未在任何服务器里找到过可疑芯片、硬件操控或者漏洞，亚马逊在亚马逊和其收购的Elemental系统内没有发现过任何超微主板上修改过的硬件或可疑芯片。

《彭博商业周刊》的报道有没有一点影子呢？有。2016年，苹果发现了一枚受到感染的超微主板。苹果称,当时在内部审计时发现这台主板存在驱动漏洞,但只是独立事件。2016年已经终止了超微的供货合同。苹果多次告诉记者,自己没有在超微主板上找到问题,但报道还是要拿苹果说事。

这篇文章的目的是什么呢？台湾的服务器供应商说,文中的事情都是2015年前后的,2018年再拿出来炒作,正值美国国会中期选举及中美贸易争端硝烟弥漫,时机耐人寻味,"美系客户对将产线迁离大陆的要求,会越来越强烈"。

中国有没有问题呢？当然有。问题还不少。

但中国的问题是不是像彭斯的"后真相演讲"与彭博的"后真相写作"所呈现的那样呢？当然不是。

历史正在发生深刻的改变。这是我们必须看到的大图景。

美国在1894年成为全球最大经济体。那一年,甲午海战大大加深了中国半殖民地的程度。

1944年建立布雷顿森林体系后,美国开始主导全球经济游戏规则,最近大半个世纪可以说是"美国的世纪"。这种地位今后一段时间也不会改变。

二战后美国不是没有遇到过挑战者,但其地位从未从根本上受过动摇。1986年,当时联邦德国的出口超过美国,成为世界最大商品出口国,但其经济总量与美国之比,最高时只有三分之一;苏联和美国争霸多年,其经济总量与美国之比,最高时达到40%多,有些指标如钢和石油的产量、造船的吨位数超过美国,但其轻工业、服务业严重落后,对外贸易额不到美国对外贸易额的30%;经济规模最接近美国的是日本,日本有强大的制造业和出口能力，1985年"广场协议"后日元大规模升值，进一步收窄了经济总量和美国的距离，1995年日本的经济总量接近美国的70%。

今天，中国正以比历史上的联邦德国、苏联和日本更为综合和全面的竞争力，在世界经济舞台崛起。最近几年，美元强势，人民币兑美元不像2005年之后持续升值，甚至出现了一定贬值，所以从汇率评价看，中国经济总量要超过美国会拉长一些时间。但因为中国比美国快一到两倍的增速，所以总量超过美国不会是太久的事。当然，中国的人均GDP只有美国的六分之一左右，在很多核心技术方面和美国有很大差距，人民币和美元的国际地位也不可同日而语，所以总体上，中国不可能动摇美国的经济话语权。但对美国来说，这毕竟是一个多世纪以来第一次面对经济总量被超越的挑战，而且和当年的联邦德国、日本有所不同，它们在经济总量最接近美国的时候，人均GDP水平和美国相差无几甚至超过了美国，而中国就人均水平来说，还是中等收入国家，还有很大潜力。这种潜力如果能够充分发挥，像改革开放40年一样再发展几十年，前景不可限量。这在1979年中美建交以及2001年中国加入WTO时都是很难想象的。

美国是一个伟大的国家，但当伟大成为一种百年的习惯，它可能变得嚣张，如同"嚣张的美元"——那就是认为，世界上的伟大只有一种"美国"的方式。

无可回避地，我们正在面对一个多世纪以来全球力量演变的关键时期。它注定会延续很久。现在刚开始。

《纽约时报》专栏作家托马斯·弗里德曼在《世界是平的》一书中描述了一个因技术进步而变得"平坦"的全球化3.0的世界。"我曾说如果两国都有麦当劳，战争就很难发生。现在我则说，只要两国都在戴尔的供应链中，就很难发生战争。"那是2005年，一个全球化、技术和资本流动的乐观主义年代。

作为自由贸易的拥护者，托马斯·弗里德曼依然认为，中国成为全球第二大经济体，"在很大程度上，这是因为中国民众的职业道德、中国领导人的长远考虑和政府对基础设施和教育的巨大投资"。但他也开始质疑和批评中国的关税政策、知识产权问题、产业政策。

我们希望别人能读懂中国，也该努力去做有助于自己被读懂的事情。别人一时读不懂或不想读懂，也没有关系。

但是，我们自己不能读不懂自己。我们要回答，中国经济发展背后的动力到底是什么？是通过市场经济条件下的奋斗而来的，还是靠不正当、不公平手段抢来的、偷来的？

答案其实不难。从20世纪80年代的可口可乐、惠普、宝洁、肯德基到20世纪90年代的IBM、英特尔、微软、通用电气、通用汽车，再到21世纪的苹果、高通、特斯拉，如果中国市场充满了不正当性，美国几乎所有500强公司都如此一致地投资中国，并在中国获得丰厚收益，这不是天方夜谭吗？中国的市场经济制度的确有待完善，政府对微观经济干预过多的情况也没有从根本上解决，但支撑中国发展的根本力量，不是"机会主义"和"制度套利"，而是通过市场经济释放了人民的积极性、主动性、创造性，这是企业家精神的史诗，是亿万劳动者奋斗与创造的史诗。

中国经济的发展道路和经济学基本原理是一致的，包括：

一国人民的生活水平取决于生产物品与劳务的能力；

市场是最有利于劳动成果交换的形式；

有效的激励机制能激发劳动者的动力；

农村剩余劳动力从农业部门向制造业和服务业的转移，能创造比以前高得多的产出；

企业家精神的发扬是至关重要的。

中国的发展没有颠覆经济学常识，相反，它让我们看到了尊重市场经济规律和价值规律的重要性。中国红利的根本特征，是市场化红利，开放红利，创造者红利，劳动者红利，企业家精神的红利。

在中国发展的过程中，政府之手帮助创造了稳定和亲商的环境。从可持续角度看，政府应该大力减少对资源配置的扭曲，以提供制度化、便利化、法治化的公平服务为依归；但要说中国竞争力都是补贴出来的，那是极其片面的。

中国企业的竞争力，是主要来自血汗工厂、透支环境、政府补贴，还是主要来自生产、技术、管理、效率的提高，从而创造出了更高的消费者价值？

这里要再回到一个经济学基本原理，就是市场的规模决定分工的效率。

亚当·斯密在《国富论》中指出，制造业的完善依赖分工，而分工程度受市场范围支配。

他说，中国适合发展制造业，因为"幅员是那么广大，居民是那么多，气候是各种各样，因此各地方有各种各样的产物，各省间的水运交通，大部分又是极其便利，所以单单这个广大国内市场，就够支持很大的制造业，并且容许很可观的分工程度。就面积而言，中国的国内市场，也许并不小于全欧洲各国的市场之和。假设能在国内市场之外，再加上世界其余各地的国外市场,那么更广大的国外贸易,必能大大增加中国制造品,大大改进其制造业的生产力。如果这种国外贸易,有大部分由中国经营,则尤有这种结果。通过更广泛的航行,中国人自会学得外国所用各种机械的使用术与建造术,以及世界其他各国技术上、产业上其他各种改良"。[1]

中国制造不是因为读了亚当·斯密的书而成就的,但从原理上和亚当·斯密243年前所说的方向是一致的。亚当·斯密的理论说明了中国发展制造业的有利条件,包括幅员广阔、人口众多、交通便利和物产多样等,也提出了具体路径,就是重视国内市场和国外市场这两个市场,重视自主经营,同时努力学习外国的先进技术。只不过在200多年前,"中国的政策特别爱护农业",又"不重视国外贸易","中国人很少或完全没有由自己或用自己的船只经营国外贸易。允许外国船只出入的海港,亦不过一两个。所以,在中国,国外贸易就被局限在狭窄的范围"[2]。因此,中国的市场潜力发挥不出来,虽然是人口大国,但不是市场大国,支持不了丰富的分工,也就谈不上专业化和效率的提高。

今天中国能成为世界工厂,是因为开放的大市场支持了精细化、规模化、专业化的分工,造就了成熟、完善的分工配套体系,使中国企业能用最经济的成本结构,高效地生产出世界上的绝大部分产品,而且有良好的性能。麦肯锡2015年一项关于中国创新能力的研究指出:"中国作为世界上最大的制造业经济体,有利于打造持续创新的生态系统。这

---

[1] 亚当·斯密. 国民财富的性质和原因的研究(下卷)[M]. 北京:商务印书馆,1979:247.
[2] 亚当·斯密. 国民财富的性质和原因的研究(下卷)[M]. 北京:商务印书馆,1979:246.

个生态系统包括比日本大4倍多的供应商体系，1.5亿具有经验的工厂工人和与之相匹配的现代化基础设施。中国市场巨大的规模和发展健全的供应链，给硬件类产品提供了15%至20%的成本优势。"

过去20年中国互联网应用能走到世界前列，同样是拜中国的市场优势和制造优势所赐。

在彭斯和彭博的"后真相叙事"中，中国似乎是市场经济的怪物。其实，中国经济崛起的基本道理，和美国当年没有根本差异。关于这一点，只要看看美国立国之初首任财政部长汉密尔顿1791年关于发展制造业的报告，就一清二楚。汉密尔顿强烈主张发展制造业，他主张通过提高关税的方式保护本国制造业，对从其他地方为美国带来"非凡价值之秘密"的行为（主要是技术）要进行奖励。顺带说一下，当时美国一些州政府甚至帮助机械走私者们融资，美国1790年就有了《专利法》，保护专利，但当时如果剽窃外国技术成果拿回美国，也能得到专利。美国今天有完善的知识产权保护体系，这是一个历史演变的过程，是一步一步实现的。

没有谁天生就该落后。全世界的发展中国家、落后经济体，追赶发达经济体，这是二战后的经济大潮流。西方有大量经济学家都研究过这一"追赶"的现象和规律。他们有一个假说，越是落后的国家潜力越大，经济增长速度应该越高，因此后发国家必然会赶上先进国家。但现实中，大部分发展中国家与发达国家的差距在不断拉大。

阿伯拉莫维茨，这位1912年出生于纽约布鲁克林的经济学家，他在研究中指出，后发国家追上先进国家这一假说的关键，在于"潜在"与"现实"的区别。潜在的机会要变成现实，需要有"三个条件"：一是技术差距，二是社会能力，三是历史、现实及国际环境的变化。

从技术差距与社会能力的维度，阿伯拉莫维茨给出了四种组合：

一国的技术差距大但社会能力强，则总的增长潜力最大；

一国的技术差距大、社会能力低，则增长潜力最小；

一国的技术差距小但社会能力强，则处于超越先发国的状态；

一国的技术差距小、社会能力低，则会因技术与制度的惰性，由发达走向衰退。

至于"历史、现实及国际环境的变化"，有时能够为经济追赶提供良好的机遇，有时又会极大地妨碍甚至中断经济追赶的进程。

何谓社会能力呢？大致来说，它是指通过教育形成的人力资源，具备竞争意识和诚信的从业者，消化和掌握现代技术的能力。这一能力有利于形成开放竞争、建立新企业和形成购销新产品、新服务的商业与财经制度，有利于制定稳定有效的政府政策，有利于学习吸收大型企业的组织和管理经验，有利于形成为企业提供资本的金融制度与市场，等等。

日本学者南亮进的研究指出，日本20世纪50—60年代的高速增长主要是因为具备了阿伯拉莫维茨所说的"社会能力"，其表现是丰富的人力资源、现代化的经营组织、发达的信息产业和装备产业。以20世纪70年代为转折点，随着技术差距的缩小或消失，日本依靠引进技术、实施追赶的机会日益减少，失去了"后发优势"。他说，由于日本没有从根本上将其模仿能力改造为真正自主创新的能力，经济发展失去了动力和方向，当美国利用信息技术革命推动经济增长，并进入新经济之时，美日两国间的差距又扩大了。

如果借用阿伯拉莫维茨的分析框架，可以说，中国经济过去几十年的快速增长，一是因为和先进国家存在技术差距，可以引进吸收，二是因为中国的社会能力非常强，三是因为国际环境也有利于自身发展。

今天，要判断中国经济向何处去，还是可以从这三个角度来考虑。

在技术差距有了相当程度的缩小后，如何更多通过自主创新来提升技术能力？在国际环境发生变化后，如何尽最大努力保持开放性经济格局，包括尽一切可能与美国达成更多的互利双赢，而不是与其脱钩？开放，是为了通过一个更大的市场来支持专业化的分工及其效率。最后，最重要的是，中国如何提升自己的社会能力？这是经济追赶的最重要的内在因素。

中国的社会能力，包括技术创新、组织创新、管理创新、结构转型与升级等方面，但最为紧迫，也最关乎长远发展的，还是社会意识与社会心理。如何让我们的社会对长期发展有信心，对以"财产权的保护、契约的履行、司法的公正"为核心的经济制度有信心，这是关键之关键。如果我们的社会能力是牢固的，并且是不断提升的，那么就会有更多的劳动者、创造者，聚焦于知识和技术的创新、人力资本的投入、基业长青的组织体系的打造、劳动生产率的提高，所有这些都是在提升中国经济的内在能力。能力才是经济发展之本。

如果我们的社会对于攸关长期的制度安排没有信心，那么在技术差距缩小、外部环境存在不确定性的情况下，很多优秀和聪明的人才就可能做出另外的选择，比如无为，比如逃离，比如三心二意。而今天的中国恰恰最需要实现从加工能力到创新能力的突破，用包括知识、技术诀窍、管理创新在内的能力驱动下一轮的发展。因此在极其需要有更加明确、更加长期、更加坚定的人财物力投入的时候，如果出现规模化的无为与逃离，这对中国经济的未来将是灾难性的。

中国不会满足于停留在劳动密集型产业链的加工组装环节。从华为等公司的发展来看，中国企业具备从模仿到自主研发、自主创新的能力。但需要注意的是，这类创新型中国企业基本上都是在竞争性的市场环境下起飞的。开放的、市场化的、竞争性的环境，是中国公司拥有自主能力和核心能力的沃土。

这不意味着政府是无为的，只有当政府行为符合"让资源流向能够创造出更高价值的企业和企业家那里"的时候，宝贵的经济资源才不会被浪费。

40年前的中国，因为"解放思想，实事求是，团结一致向前看"，确立了经济社会发展的正念正见，走上了一条康庄大道。历史启示我们，社会意识和社会心理的变革，是经济变革的前提。社会能力的发育和经济能力的成长休戚与共。

站在40年后的今天，在中国遭遇多重挑战的时候，读懂自己的历史，明了未来的道路，至关重要。如果我们自己都没有读懂自己，或者错误地理解走过的道路，那将是时代的悲剧。

中国的竞争力不是单一要素的竞争力，是结合了复杂、丰富的专业化分工和劳动力技能的综合性竞争力，是不容易被替代和移走的。这种竞争力的背后，是因为对人民的信赖，对市场的信赖所展示出来的自由奋斗、力争上游、不懈进取的中国人的精神特质。每一步都充满不易。汗水是小，肉体的辛劳和伤痕也不在话下，内心的挣扎和不屈不挠才是许多人生命历程的真实写照。正是这些永远奋斗的灵魂奠定了中国经济成长的基石，并让中国制造、中国创造的底色一天天变得更加亮丽。

中国的伟大复兴是每个中国人的祈愿。但中国故事还是一个未完成的故事，每个人都是这个故事的书写者，哪怕只能写上一个小小的符号。

中国存在的问题无须回避，不应该回避，回避也解决不了。只有亿万中国人团结起来，勇敢直面并千方百计地去解决问题，我们的时代才不会因为这样那样的顿挫而终止前进的步伐，并终能在风雨之后见到更美的彩虹。

全球化浪潮中的中国

不要慌

2018年7月中下旬,我先去莫斯科看球,后到硅谷学习,所到之处都是好天气。而朋友圈里却阴云密布,从贸易战、P2P爆雷、各种违约到人神共愤的疫苗案,再转向此起彼伏的性侵控诉。

"悲剧将人生的有价值的东西毁灭给人看,喜剧将那无价值的撕破给人看。讥讽又不过是喜剧的变简的一支流。"无论是鲁迅在《再论雷峰塔的倒掉》中所说的哪一种,都让人意识到,那种"巧语花言地再来补足了十景"的"成就感","不过是无聊的自欺"。但同时,"有破坏却未必即有新建设",所以真正所需的是,既要直面真实,还要"内心有理想的光",努力去做真的革新。

革故鼎新需要担当意识,而周围,责任不知道去了哪儿和推诿是常态。如果不自省,不自立,不担当,不坦荡,中国经济的老问题就会永远在那里,并越滚越大。

说到疫苗案,则让我回想起2009年《第一财经日报》曾接到食药监部门某官员的爆料,内容是大连金港安迪生物制品有限公司在人用狂犬病疫苗中违法添加核酸物质。他之所以爆料,是想把相关责任推到上司那里。虽居心不良，事情则是真的，就是在疫苗供不应求时往里面加东西提高产量，等于是"注水"。这是无法保证产品应有效果的，狂犬病毒潜伏期很长，不知道将来哪天会出问题。当时新华社通过相关渠道向上面反映了问题，也说要严查，现在看，问题并没有根除。

关于中国经济最近我写过多篇文章，倡言在这个关键时刻，理性、自立、反思，致善由你。

俄罗斯："从废墟中飞起的不死鸟"

我之前没有去过俄罗斯，直到一次在欧洲旅行，邮轮停靠在圣彼得堡，下去参观了两天。2018年世界杯举办期间去莫斯科，我又走马观花了3天。以前俄罗斯在我心目中是个暮气沉沉、内忧外患不断、到处都有黑帮和腐败的警察、"不好的市场经济"肆意生长的地方，这次印象有了一定的改变。

一是感受到俄罗斯雄浑刚健的历史气质。无论圣彼得堡的冬宫、夏宫，还是"军迷圣地"莫斯科中央武装力量博物馆，都令人顿生博大强悍之感。"日耳曼战车"德国队小组赛出局，斯大林那句"德国从未在苏联的土地上得到收获，也不能成功地做到他们想做的事"在网上流行。如果参观过武装力量博物馆，看过苏德战争中三大保卫战和苏联红军攻克柏林的那些历史照片和文物，就能更深刻地理解这句话的含义。尽管苏联已经解体，但历史赋予它们的那种骄傲感还是根深蒂固的。

二是感受到俄罗斯人在困难面前从容的一面。过去20多年，俄罗斯爆发过多次经济金融危机，最严重的是1998年、2008年和2014年这三次。如果说中国过去20年是战略机遇期，那么对俄罗斯来说则是挑战不断，多次卷入地缘政治和军事冲突，经济对原油出口高度依赖、深受油价波动影响,而且一直被西方制裁。我们的导游叫杨健,在莫斯科大学读博士,她2012年从中国来的时候100美元兑2800卢布,2014年年底眼睁睁看着卢布跌到最低点,100美元能兑8800卢布。她的一个俄罗斯同学拿到哈佛大学研究生的offer,但由于卢布贬值,不可能换到足够的美元,只好放弃。

2014这一年,世界原油价格跌了一半以上,俄罗斯经济风雨飘摇,触发了金融危机。年初100美元兑3300卢布,10月可以兑3500～4000卢布。俄罗斯央行多次加息,抛售外汇储备平抑市场,但这些措施对卢布下跌无济于事。同年12月11日,俄央行将关键利率从9.5%加到10.5%,但100美元兑卢布反而涨到5500～6600卢布。12月16日,俄央行将利率大幅上调到17%,希望阻止卢布贬值,防止通胀大幅走高,但这些情况卢布一夜之间暴跌了13%。12月17日,白宫发言人表示,奥巴马总统将签署一项有关加大对俄罗斯制裁的最新法案,包括对俄罗斯武器公司和高科技石油项目的投资者实施新的制裁措施。诸多压力下,100美元兑卢布很快突破8000。

杨健在莫斯科生活了6年多,她说卢布这些年跌了一半多,但老百姓的心态还比较稳定,主要原因是普京采取措施限制生活必需品涨价。所以汇率下跌对日常生活的影响没有那么大。2018年,100美元兑换6350卢布左右,卢布相比2014年年底的低点涨了一些。原因是油价上涨,2017年经济复苏,GDP增长1.4%左右,粮食产量是26年来的最高水平,失业率也从2016年的5.5%降到5.2%。俄罗斯长期受高通胀困扰,自2017年7月开始CPI也降到了4%以内。GDP增长1.4%,CPI增长4%左右,这样的数字放在中国是巨大危机了,但对俄罗斯来说已是近年来最好的答卷。

俄罗斯的经济金融状况虽有改善,但也很难说就稳定下来了。2018

年4月9日，俄罗斯股票市场指数RTS暴跌超过10%，是该指数1995年9月1日设立后最大单日跌幅，当天卢布对美元也下跌2.69%，是2016年6月以来最大跌幅。股市汇市双杀，触发因素之一是美国财政部4月6日宣布，将对一批俄罗斯个人和实体实施制裁，包括17名俄罗斯高官、7名俄罗斯企业家和他们控制的12家企业。当时，俄驻美使馆指责美国制裁俄罗斯是"摧毁全球自由贸易和经济融合发展"。

美国的制裁是外因，俄罗斯经济结构的弊端是内因。2017年普京签署了《2030年前俄联邦经济安全战略》，认为俄罗斯经济存在的问题主要是：投资不足，原料依赖，中小企业GDP占比不足，地缘政治局势紧张，腐败和贫困。其实俄罗斯10多年前就提出要从"资源型""原材料化"的经济，向"发展型"经济转型，创造能够产生新知识的创新环境，大幅度提高非原材料产业的生产与出口，发展高新技术经济，发展中小企业，促进农业现代化，加快国防工业技术向民用工业转移，但成效并不显著。俄罗斯经济有不少"寡头"，但没有像中国这样普遍的企业家、创业者精神。1992—2001年俄罗斯科技人员流失了80万人，20万顶尖人才移民西方。创新之道，唯在得人，俄罗斯在支撑创新的人力资源方面做得远远落后于中国。

我对俄罗斯经济的前景不是很乐观，但俄罗斯人历经危机仍不失信心的从容却给我留下了很深印象。普京2018年5月在总统就职演讲时说："在过去1000多年历史中，俄罗斯一次次从苦难中走出，就像从废墟中飞起的不死鸟。"在我看来，过去20年，俄罗斯经济有过几次苦难；而中国虽有过困难，甚至是较为严重的困难，但总体上谈不上苦难。可是，我们在困难面前的"苦难感"却很强，股市跌一阵，投的P2P黄了，好像天就要塌了，要崩盘了，移动互联网更加剧了这种传染性很强的"危机感"。中国经济有问题,但作为这块土地上的劳作者,扪心自问,应该明白,如果我们自己不抛弃不放弃,天不会塌地不会陷,中国潜力没有终结,中国作为世界经济增长引擎的地位没有改变。只要人人都负起对自己的责任和对身边环境的责任,心态就会平和起来,怨天怨地怨人,自己也只会越来越难受。

世界正从规则主义转向极其务实

俄罗斯2018年4月9日股汇双杀的前一天,特朗普发推特:"叙利亚发生了疯狂的化学武器袭击",普京对此负有责任。这是他首次在推特上点名指责普京。同年7月17日普京和特朗普在赫尔辛基会晤,相谈颇欢,特朗普不过瘾,还邀请普京秋天访美。双方都回应了美国特别检察官穆勒对俄罗斯干预2016年美国大选的问题。特朗普说:"我没有看到俄罗斯会这么做的任何理由。"普京也再次否认,两人的合作让美国国内大哗。

也许这个世界接下来一段时间的演化趋势,就是从规则主义和战略主义转向灵活和极其务实。有人认为欧美日正在形成趋向于零关税的自贸统一战线,但究竟能不能落实还需要看很多具体谈判,一到具体利益就没有那么容易了。说是欧盟希望从美国进口更多液化天然气和大豆,马上就有人质疑,船运天然气还是管道运输划算?欧盟说了不算,买什么东西是企业界做决定,要算账的。

在我看来,未来一段时间,美、中、欧、俄、日等,可能形成多种类型的双边关系,有合作有竞争有对抗,此一时僵化彼一时暖化,不固化,常变化。

这样一种看似世界"无锚"、无统一规则、淡化传统价值观、只算表面经贸账的国际局势，对中国未必是坏事，虽然目前我们很不适应。中国长期以开放促改革，习惯了用以WTO为代表的国际规则来驱动对传统体制的变革。现在的挑战是要和主要经济体以及区域经济体一个一个都去谈，不仅谈生意，还要谈"生意的生意"（做生意的规则），而各经济体的关系也在随时变化，冷热不定，所以一时间有些"失控感"。我们要学会适应这种失控，习惯就好了。要放松一点，要看到合作的世界正在变成争夺的世界，而且会常态化，但是争一段时间，各自都会算账，该合作还是会合作。外部的气候变化不是最重要的，最重要的是，当国际贸易增长的驱动力下降，当WTO的影响力下降，中国如何通过改革，更多地依赖内部的市场，激发新的成长力量。这是长治久安之本。

美国：经济发达靠的不是特朗普

接下来说说我在硅谷的学习。我最大的体会是，美国的强大在于社会的强大。下面举三个例子。

奇点大学位于硅谷的核心区，和NASA研究基地在一片地方，是戴曼迪斯与库兹韦尔共同创立的一个"用科技改变世界"的民间教育机构，无学位授予。戴曼迪斯是让霍金体验零重力飞行的人，库兹韦尔是《奇点临近》的作者，奇点就是人和机器智能之间的转折点，预计是在2045年。校舍很简单，规模并不大，每年培训4000人，但学费很贵，同时录取率也极低，只有百分之几。这里目前有400位教师，基本是兼职，他们的鲜明特点是理论结合实践，很多人是大学教授、畅销书作者，同时有自己的公司或投资机构，也有的教师曾在著名的科技公司工作，后来从事风险投资和咨询服务。他们在课堂上讲了不用劳动力的绿色农业，24小时打印出来3D房子，植物蛋白合成的汉堡包，用基因编辑方式治愈的不治之症，用人工智能绘画作曲和自动驾驶。他们设想，就像人类今天养小猫小狗，当奇点来临，人类会不会变成被智能机器人驾驭的小猫小狗？我们这次课程的主题是指数型增长，其目的在于让人意识到，未来不是过去的线性延伸，而要点燃想象力，"think big, impossible就是I'm possible，然后不断尝试"（化不可能为可能），用科技解决人类的各种问题。在奇点大学，我感受到了充满创造力和创新思维、思考人类未来的极客文化，没有约束，自由放任，这种生生不息的力量才是引领世界的原创性的来源。

我们在斯坦福大学慈善与公民社会中心（PACS）学习时看到两张图。一张反映的是美国社会的捐赠金额，2017年为4100亿美元，相当于当年美国GDP（19.39万亿美元）的2.1%。中国一年的慈善捐赠是1600亿元人民币，相当于GDP（82.71万亿元）的0.2%。尽管有一个不可比因素，即美国捐赠的第一大项为宗教，127.37亿美元，占31%，而中国人给寺庙的香火钱并没有统计在慈善捐助中，但剔除这个因素，美国社会的回馈水平仍远高于中国。另一张图反映的是捐款来源，个人/家庭捐赠占70%，基金会捐赠占16%，遗产捐赠占9%，公司捐赠占5%，可见个人回馈比例之高。这种普遍的回馈文化，源自美国"先有社会、后有政府"的历史和新英格兰的乡村自治传统，人们相信由自己去解决社会的问题，比政府效率更高。当然，政府也出台了税前抵扣的政策，大力支持社会捐助。像巴菲特、比尔·盖茨、扎克伯格、马斯克这样的富豪都签署了"捐助誓言"（Giving Pledge），承诺捐出大部分财富。扎克伯格和妻子2015年宣布将在有生之年捐出99%的Facebook股份，资助科学，投资社会创新企业，参与旨在推动"公平和机会"的社会活动。扎克伯格夫妇的慈善组织CZI（Chan Zuckerberg Initiative）刻意和Facebook保持距离,因为不希望失去独立性。

我在斯坦福大学医学院的一条小路上发现路上刻着一系列重要的生物学、生理学和医学发现,及其时间和科学家的名字,比如:1858年达尔文和华莱士在林耐学会上发表了进化论的论文;1862—1870年,巴斯德和科赫发现了疾病的细菌学说理论;1895年伦琴创造出第一张X射线照片;1928—1945年,弗莱明、弗洛里与钱恩分别发现、证实了青霉素的巨大功效;1944年,艾弗里等人证明DNA是遗传物质;1965年雅各布、莫诺、罗沃夫提出基因调控机制。在这里,你一下子就会领悟到,大学是用来做学问、做真正的学问、追求真理、造福人类的地方。大学应该推崇什么?我不禁回想起几年前去加州大学伯克利分校,朋友介绍说,校长院长都没有固定车位,但诺贝尔奖获得者有固定车位。官僚化和大学精神无缘。

为什么美国的创新能力那么强?这是有制度基础和文化基础的。《独立宣言》言明,政府是为了保障人民"不言而喻"的权利而建立的,"其中包括生命权、自由权和追求幸福的权利"。《美国宪法》第一条第八款就有"保障著作家和发明家对其著作和发明在限定期间内的专利权,以促进科学与实用技艺的发展"的规定,宪法第四修正案规定,"人民保护其人身、住房、文件和财物不受无理搜查扣押的权利不得侵犯"。政府并不凌驾于社会之上,也不能随便干预社会,这样,人们才会有长期打算、稳定预期,会做真正有价值的事,并得到好的激励。而当每个社会成员不受约束,致力于探索科学规律和真理的时候,创新自然会源源不断地产生。

种瓜得瓜，种豆得豆

  酷暑难熬。经济社会意义上的这个夏天，按下葫芦浮起瓢，尤其难耐。改革开放40余年再出发，也许上天是用这种方式提醒我们，"君子终日乾乾，夕惕若厉，无咎"，思所以危则安，思所以乱则治，思所以亡则存。

  面对疫苗案这样的问题，我和大家一样愤怒和沮丧，但我仍要说，中国并非没有让人放心的企业品格。凡是在充分竞争的环境和消费者知情权、选择权能得到保证的那些市场上，中国的供给是可靠的，市场力量促使产品竞争的总趋势是优胜劣汰，加上监管者严格执法，这样的"市场化+法治化"道路就是坦坦荡荡的光明正道。凡是出现较大问题且屡教不改的产品领域，往往是既不市场化（比如指定、定点等干预很多）又不法治化（比如出了问题可以"搞定"）的地方。

  想到一个例子。2005年12月，一位美国女记者根据亲身经历在《基督教科学箴言报》发表了《离开"中国制造"的一年》。她在2004年圣诞节发现，39件圣诞礼物中"中国制造"的有25件，家里的鞋子、袜子、玩具、台灯也来自中国，于是她从2005年1月1日起开始尝试一年不买中国产品的日子。这段真实历程的终点，是一年后和中国制造重修旧好。中国制造能走遍世界，大量世界知名品牌委托中国企业代工，说明中国人是能够生产出合格产品，质量是靠得住的。问题常常出在给本国消费者提供的"指定性"产品上。我们应当深刻反思，但大可不必丧失自信。事实上，世界卫生组织驻华代表的声明也赞扬了中国国家药监局采取迅速而透明的行动，声明说，"疫苗事件无疑令人遗憾，但此次事件由飞行检查发现,也说明了监管机构的体系监管和现场检查能有效保护人民健康"。在这个世界上,如果我们对自己没有一点信心的话,那么不会有谁对我们有信心。当然,自信不是说就行的,要靠扎扎实实去做。

今天的果是昨天的因,种瓜得瓜,种豆得豆。

当我想到俄罗斯连绵不断的各种危机,我会说,我们不要这么慌。世界500强中的跨国公司几乎没有不在中国投资的,中国是很多跨国公司的最大的单一市场和最大利润产生地,如果中国不稳定、无秩序、没前景,它们会来这里白白做贡献吗?

当我在硅谷学习一周,体会到美国知识创新和社会创新的来源时,我会说,不要慌,因为慌没有用。别人不是为了服从什么去研发,而是为了真正的探索去研发。专注创新多少年,全世界多少优秀人才汇聚在那里做了多少年,才有今天。我们起步晚,我们对科学知识和科学精神的重视也还很不够,怎么可能轻而易举登顶呢?

思其始而图其终,犯其至难而图其至远。只有真正形成支持创新的文化和机制,只有建设强健理性的社会,只有从政府到社会各方都踏踏实实下足功夫,而且始终按照客观规律办事,我们才能真的有自立于世界民族之林的信心和定力。今天说"不要慌"是一种期待,倍加努力之后,我们才会真的不慌。

中国经济的下一个春天究竟在哪里

2018年是百感交集的不容易的一年。

2019年时而温暖如春,时而延续艰难。

历经一年的调研和思考,我觉得,今后很难再有一个季节,对所有人都是春天。只以规模论英雄、外延式粗放扩张、杠杆化套利、流动性泛滥、为了超前消费而过度信贷,这些"中国式增长"并不会马上消失,但已在明显收缩。水落石出,谁都明白,靠越来越高的投资率(实质是负债率)来驱动增长,越来越不现实。对传统增长模式来说,冬天确实来了,而且会一直是冬天。

但整个中国经济发展的基本面和潜力依然在。当然,潜力要释放,并不容易。约束和禁锢的力量如此强大,以至于全面深化改革的很多部署总是浅尝辄止。不过,对上亿的中国市场主体来说,抱怨并不是宿命。我们现在所需的,是不抱那些不切实际的或投机主义的幻想,是做好准备,在未来更长时间内承受结构性调整的阵痛,承受不确定的迷茫,同时冷静地看到中国真正的机会所在,通过扎扎实实的价值创新和效率提高,建立新的信心,如此我们才能踏上一条高质量、可持续、现代化的发展之路。

2018年，凝重远大于轻松

2018年，对习惯了数量增长哲学的中国来说，真的很难。

这一年，中国车市迎来自1990年以来第一次负增长。上汽通用公司总经理王永清说，之前认为到2025年中国乘用车年销量将达到3500万辆，现在认为修订为3000万辆更加合理。

这一年，中国楼市在诸多政策调整和前期透支因素共同作用下，疲态终显。易居房地产研究院数据显示，2018年1—10月，10个被监测的典型城市（北京、深圳、成都、杭州、南京、青岛、金华、苏州、无锡、厦门）二手房成交量比2017年同期下降12%。一级市场土地流拍，二级市场促销打折；知名房企或紧急收缩，或海外高息发债，都在为活下去做准备。

这一年，中国股市总市值被"失落20年"的日本超过，一度甚至低于6个苹果公司的市值。在不少交易日，A股超半数股票的换手率低于1%，部分个股长时间"成交休克"，分时行情图"心跳停止"。高比例质押比比皆是，大股东爆仓如影随形。由于销售净利率下降，A股上市公司ROE（净资产收益率）的上升趋势在2018年第三季度逆转，开始下降。当然，和P2P投资者相比，A股股民已属幸运。

这一年，中国的消费增速创数年来新低。1—10月社会消费品零售总额同比增长9.2%，10月同比增长8.6%。这是名义增长，如扣除价格因素，10月实际增长为5.6%。过去几年智能手机一直被视为消费升级的重要标志，2018年1—10月，国内手机市场出货量同比下降15.3%。

这一年，中国实体经济的融资需求进一步收缩。10月份，社会融资增量（7288亿元）创两年多来新低，非金融企业贷款（1503亿元）为2010年以来同期最低。虽然有关部门通过调整统计样本，总能让规模以上工业企业利润保持增长，但看不到有效需求，企业不会去投资。就像有分析师说的："你可以把牛牵到河边，但牛就是不喝水。"

……

全球形势也不乐观。

国际货币基金组织在2018年10月期《世界经济展望》说，阴云正在浮现，考虑到全球贸易问题及新兴市场风险，2018、2019年全球经济增速预期均由3.9%下调至3.7%，2019年美国增长预期由2.7%下调至2.5%，中国由6.4%下调至6.2%。这是国际货币基金组织自2016年以来首次下调全球经济增速预期。

在美国，高盛预测，随着美联储继续加息以及减税的效果逐渐减弱，美国经济2019年下半年将大幅放缓。三大股指在感恩节前将2018年以来的涨幅全部吐出，5只代表性科技股（脸书、苹果、亚马逊、奈飞、谷歌）的股价均从最高点下降了20%以上。在特朗普连续八次批评美联储加息和市场不断下跌的压力下，向来独立的美联储主席鲍威尔首次表示，利率已接近中性水平，如此才缓解了投资者对加息的担忧，让美股在感恩节后的一个星期收复了部分失地。

但是，发达经济体告别量化宽松、走向利率正常化的趋势是不会改变的，改变的只是节奏。原油价格大幅下降，虚拟数字货币更是暴跌不已，比特币从2017年12月最高点时接近2万美元跌到4000美元，深圳华强北的矿机价格和2017年最火时相比不到一折。低评级公司的借款成本迅速高企。

这一年，经济空气中的凝重远大于轻松。不少高净值人士大幅增加对保险的投入，特别是海外保险。守住现金被证明是最佳投资策略。我们当然可以说，资本市场的估值更合理了，不良资产处置和并购等机会出现了，中国很可能已经避免了一场全社会都被非理性的大泡泡所绑架的灾难。但大部分人不会对"远虑中的灾难"有感受力，而眼前的损失却一清二楚，痛苦难安。

在这样的背景下，如果只是空喊口号，不能用清楚的事实和清晰的逻辑指出春天的方向，那只会离春天越来越远。甚至明明在走向冬天，还以为是走向春天。

基本面究竟发生了什么变化？

"中国经济的基本面是好的"，这话人们听得太多，都不耐烦了。但确实是有道理的。现在我把上节的情况换个角度来解读。

中国车市2018年大概率是负增长，未来两三年也增不到哪里去。但对比一下可知，2017年中国汽车销量已是2888万辆，而美国是1725万辆，日本是523万辆，德国是344万辆，中国比三国的总和还多296万辆。这样的高位，喘口气歇歇是不是很正常？

看看智能手机。根据IDC（International Data Corporation，国际数据公司）的统计，2017年全球出货量为14.62亿台，中国市场出货量为4.4亿台。中国一个市场占全球的30%。不少了！而且剩下那70%市场卖的手机，大部分也是中国造，不少还是中国品牌。

看看房地产。2017年中国商品房卖了17亿平方米，其中住宅14.5亿平方米，两项指标2018年1—10月分别增长了2.2%和2.8%。如此规模的总需求很难再膨胀。汇丰银行2017年发布过一项针对9个国家的调查，中国千禧一代（1981—1998年出生）的住房自有率已达70%，比其余国家（加拿大、澳大利亚、法国、马来西亚、墨西哥、阿联酋、英国和美国）都高。美国千禧一代的住房自有率只有中国的一半。根据瑞银的报告，2016年中国城镇居民户均住房保有量和人均居住面积已经达到日本2008年的水平。瑞银预计2017—2030年中国城镇年均住宅需求约为14.1亿平方米，改善性需求会持续释放，只是刚需最紧迫的时段可能已经过去。我想，如果大部分开发商知道到2030年平均每年的住宅需求还有14亿平方米，他们已经很满足了。

举上面这些例子，想说的是，在持续这么多年的高增长之后，需求慢下来是很自然的。如果再用小排量汽车购置税减半、棚改货币化等刺激手段，虽可以维持增长，但后遗症会越来越厉害。所以企业到了调整心态的时候了——从粗放到精细，从"量"的扩张到"质"的提升，从规模为王到价值为本，从忽略投入产出比到追求投资回报率。

更重要的是，今天的社会也不支持那种不顾社会成本的扩张了。要素价格上升了，环保要求上去了，年轻一代对工作条件的要求提高了，城市对大兴土木的约束越来越严了，再靠传统模式扩张，不仅无人喝彩，而且可能被群起而攻之。

我在上海市宝山区参加"长江口民营经济发展论坛"时，碰到上市公司新通联的董事长曹文洁。她是做木箱、木托盘、纸箱的，传统得不能再传统的生意。她说1997年那场金融危机时，她的主要精力就是去讨债，天天都想着不干了，"这个烂到泥里的行业，我为什么要这样辛苦？"她能把这样的生意做出新意，后来成为哈佛商学院案例，靠的是走新路子，向高处去。比如跟咨询公司一起建立木制品ISO9000标准，成为行业里第一家获得ISO9000认证的企业；比如在电视上看到美国将对从中国出口的木制品实行贸易壁垒，凡出口到美国的木材一律要经过具有除害处理资质的单位的检验,于是她和动植物检疫局一起建立了新的标准,拿到了CN-001的熏蒸资质编号,一时间上海百分之七八十的出口商品所用的木托盘都在新通联做熏蒸处理。这是她的第一桶金。再后来做纸木结合、一站式服务等,都是靠创新。

曹文洁说,中国那么多传统企业,如果都能用一种创新的模式,那再烂、再低层次的行业也有灿烂的一天。

房地产是支柱产业之一,在人们心目中,造房子和装修是极其传统的事,质量总有这样那样的问题,但这可能也是变革的契机。2018年11月,西湖大学与碧桂园成立了智能机器人联合研究院,西湖大学校长施一公说研究院将成为世界机器人技术新高地。大疆创新科技公司决定在顺德"机器人谷"建立一个创业园区。我问了情况后,恍然大悟,因为政府的施工要求、安全和质量要求越来越高,建筑工人越来越难找,这些都决定了未来必须让智能机器人在建筑业唱主角。中国有大市场,可以摊薄巨大的研发费用,所以很可能在机器人造房、机器人装修等方面走在世界前列。

中国经济的基本面在变化。大路货、同质化、价格战,这样的低质量增长难以为继。从现在起,"好"要放在"快"的前面,"质"要和"量"齐头并进。

中国新需求:以人的全面发展为中心

经济学最基本的分析框架是供求分析。如果把供给分为有效的和低效、无效甚至负效的,把需求分为可持续的和很难持续、不可持续的,则供求有以下四种类型:有效的供给与可持续的需求,有效的供给与不可持续的需求(这种情况下的策略就是"走出去"),低效的供给与可持续的需求（如国企相对垄断的市场），低效的供给与不可持续的需求（如P2P乱象）。

中国经济的下一个春天究竟在哪里？答案应该只有一种，就是让有效的供给与可持续的需求相结合。

先来谈谈什么是可持续的需求。我的答案是，和人的自由全面发展相一致的需求就是可持续的需求。

很多人都认为，中国未来的一大需求是投资理财需求。的确如此。但为什么这一两年广大投资者备受打击呢？说穿了，是这种需求膨胀得过快，不少投资者不再"安分守己"，满脑子都是两位数的回报率，不注重配置，不关心风险和收益的匹配，上了庞氏融资的套。

整个国家的金融需求也膨胀得过快。2015年，中国金融业增加值占GDP比重为8.4%，超过了美（7.2%）、日（4.4%）、英（7.2%）等发达国家，金融业增速也明显高于GDP增速和工业增速。其实，很多需求都是同业空转的需求，和实体经济没什么关系。

什么样的需求是真正有效的、可持续的？

携程创始人梁建章给我的回答是，中国城镇化率仍然很低，未来10到20年城镇化率仍有20%以上的增长空间；"农民工市民化"既能提高效率，又能提升公平；中国大城市有条件容纳更多人口，围绕大城市的城市群应该创造条件让人口在群内易于流动：这都是更高效的发展路径。另外，2017年中国旅游业已是5万多亿元的大市场，2018年上半年国内游达到28.26亿人次，同比增长11.4%，比GDP增速快很多，这就是有效需求。

清华大学公共管理学院院长江小涓指出，中国体育产业2016年占GDP权重不到1%（全球为1.8%，美国约2.85%），这是高增长的需求，2014—2016年中国体育产业增加值年均增长26.6%，接近同期GDP增速的

4倍。预计到2025年，该产业的产值将达到5万亿元以上。体育产业具体包括健身、培训；中高端项目如专业装备骑行、露营、攀岩、登山、皮划艇以及马术、马拉松运动；电子竞技游戏等新产业；中超、CBA等职业体育；群众性体育活动（近年多个广场舞App获得融资）；等等。

中国的教育，是八九万亿元规模的市场（含政府投入），大健康现在有六万亿元的规模，信息消费和文化娱乐是五六万亿元规模，还有城乡一体化进程中的基本公共设施条件均等化，以及环保改善等，都是有效的、可持续的需求。

上面说的基本都是服务。从消费者对商品和餐饮的要求看，品质化、个性化和创新是最重要的趋势。曾几何时，宝洁被视为跨国公司在中国走下坡路的案例，但在2018财年（2017年7月—2018年6月），宝洁在中国的7大品类有6个都赢得了增长。原因是转向高端化，产品升级，聚焦年轻一代。

过去十几年，宝洁在中国的大部分产品都是"走量"，而从2016年变革至今，高端、超高端产品比例已超过50%，对整体增长的贡献更是达到90%。OLAY是典型的转型样本，"玉兰油"这一名字不再在广告中出现，代之以"OLAY"商标，定位朝向高端，比如引入来自日本的"臻粹"系列、美国的"菁醇青春"系列，以及在北美热销的"空气霜"系列。过去宝洁在中国新品少，上市慢，2017年则推出了40多个全新产品，成功率高，速度很快，比如飘柔微米精华从产品创意到上市用了9个月，潘婷新品"能量水"用了4个月，而之前推出新品的周期要两到三年，甚至更长。宝洁还大力发展电商渠道，电商已变成第一大渠道，也是成长最快的渠道。

新的消费主力在创造新的需求。追求性价比的"去品牌化"消费和追求身份与文化认同的"再品牌化"同时发生。潮品牌速生速灭，但其生生不息的活力，让传统品牌，包括杰出品牌，一刻都不能放弃创新。

中国新供给：以数字化、智能化为标志

面对中国新需求，在供给端，最重要的趋势又是什么呢？

我的答案是数字化和智能化。无论是从中国制造到中国创造，还是中国服务，我所见的优秀企业都在千方百计运用移动互联网、大数据、云计算，精准营销，柔性生产，提升效率，在做大规模的同时，让成本曲线下降。堆人头和盲动主义行不通了。今天要靠数据大脑和人工智能。

作为中国数字化进程的领头羊，阿里巴巴和腾讯正在成为数字化基础设施的重要供应商，其作用甚至远胜于自然资源时代的石油和电力供应商。

2019年接棒马云的张勇，提出了阿里巴巴商业操作系统的概念。他认为，互联网和数字技术不仅为企业开辟了新的网上销售通路，而且深刻地推动了营销方式、消费者运营模式、供应链、商品设计企划和商品生产方式的变革。这一变革的基础是企业经营数据和消费者数据的全域打通。阿里经济体的多元化商业场景和数据资产，与云计算相结合，将通过阿里巴巴商业操作系统的零售云、营销云、金融云、物流云等，帮助企业客户完成数字化的转型。

在张勇看来，今天最重要的基础设施就是云化的设施。有了云，家庭、社区、办公场所、工厂、商业设施乃至城市都可以转型为有智慧的"终端"，云和端互动，将深刻改变传统的各端的命运。

腾讯则提出了"用云量"的概念。它是使用服务器、存储产品、数据库、IDC带宽等IaaS服务项目，云安全、大数据与AI等PaaS服务项目，

以及域名、金融云、中间件等SaaS服务项目的一个标准化后加权平均的总和指标[1]，用来衡量数据这一"新能源"的投入和消耗。而且和电力不同，数据不会因为使用而被消耗、湮灭，反而会衍生出更多数据，产出更多价值。根据腾讯报告，2017年全国"用云量"年化增长133%，2018年一季度较去年同期增长139%。

马化腾说，伴随数字化进程，移动互联网的主战场，正在从上半场的消费互联网，向下半场的产业互联网方向发展。"云+人工智能"相当于过去的"电+计算机"。腾讯希望成为各行各业最好的"数字化助手"，让每一个产业都变身为智慧产业，实现数字化、网络化和智能化。

我到北京参加"京东数字科技全球探索者大会"时，最让我惊奇的是京东数字科技集团旗下的"京东农牧"竟然进军传统养殖业了。他们通过研发适合猪场环境使用的摄像头、养殖巡检机器人、饲喂机器人，将数字科技应用于巡检、环控、监控、饲喂四大场景，不仅让饲养人员摆脱了简单的重复劳动，而且能实现饲喂量的精确控制，保证每头猪生长平衡。目前试点的效果是，帮助大中型养殖企业降低人工成本30%以上，节省饲料8%~10%，缩短出栏时间5~8天。如果整个养殖业应用这一方案，每年至少可降低成本500亿元。

我写过多个数字化、智能化应用的案例，比如平安融资租赁、同程艺龙、卖好车、万达的筑云和慧云系统、智慧法院的探索等。我深深体会到，数字化、智能化正成为中国在供给侧的新能力。这种能力不仅让企业耳聪目明，而且也在深刻改变社会的方方面面，包括国家治理、城市管理、公共服务、社会信用与法治监管等。清华大学公共管理学院

---

[1] IaaS，基础设施即服务；PaaS，平台即服务；SaaS，软件即服务。

院长江小涓说，以前我们讲"人在干、天在看"，通过敬畏心来约束不法不端行为，有了大数据，就能实现"人在干、网在看，云在算"。

我还意识到，由于数字化、智能化，中国服务业的效率并不会低于制造业。2017年年底王菲的"幻乐一场"演唱会，现场只有1.8万个座位，但超过2000万人通过腾讯视频观看了直播。2019年阿里巴巴"双十一"的24小时，激发出2684亿元的销售额。过去从来没有人认为理发是可以贸易的，但也许有一天，纽约的发型设计师可以通过互联网给中国成百上千的顾客同时上课。全球服务业越来越"可贸易化"，软件、程序、增值服务、知识付费、设计、远程医疗、远程教育、演唱会直播、电竞直播，这都是可贸易的。完全可以想象，未来中国在服务贸易方面同样会有强大的竞争力。

数字化、智能化的中国新供给，将全面改造并提升中国的产业竞争力。互联网进入中国，差不多有25年了。让中国全面数字化、智能化，估计也需要二三十年。数字化、智能化驱动的先进制造业和现代服务业，这就是春天的方向。

从制造业来说，中国是全球唯一拥有联合国产业分类中全部工业门类的国家。2019年世界500强企业中，中国有129家，其中一半在制造业。"中国智造"的前景无可限量。从服务业来说，中国服务业的GDP占比已超过制造业，随着人均可支配收入的提高，有朝一日，中国的服务市场也会成为全球最大市场。

将新供给和新需求匹配起来，就是春天的道路

数字化、智能化的新供给，以人的全面发展为中心的新需求，这就是我看到的中国经济的下一个春天。现在的关键在于，如何用新供给和新需求代替旧供给和那些不可持续的需求，让新的供求匹配起来，交互起来。这涉及体制、文化、市场建设等许多问题。

比如，在更加需要个性化和创新、变化速度也越来越快的商业环境中，靠银行去做风险识别非常困难，这就必须建立有效的资本市场，必须建立分散决策的敏捷体系而不是金字塔形的资源配置体系，必须加强信息的充分流动和开放平等的思想市场的建设。然而，在现实中，情况有时可能相反，比如银行对资金配置的主导权还在强化，资本市场上充满了行政意志，资源配置大量非市场化，各类市场主体的平等权利实际上得不到落实，思想的市场缺乏开放的活力。这些情况不改变，中国经济中就还是会有大量低效的供给和不可持续的需求。

"泰山不让土壤，故能成其大；河海不择细流，故能就其深；王者不却众庶，故能明其德。"支撑中国经济迈向下一个春天的最根本的源泉，就是每一个普普通通的奋斗者和创造者。他们自有韧性和自强不息的精神。这种韧性不仅是坚韧，是意志品质的顽强坚毅（tenacity）；也是柔韧，是善于预判外部变化、灵活应对的弹性（resilience），是适者生存、不仅不畏惧变化而且主动拥抱变化、创造变化的力量。对市场、民间、社会，也包括对广大的公职人员，更多地信任，更多地激励，中国新需求和中国新供给的巨大活力与潜力自然会释放出来，奔涌开来。

就此而言，可以说，中国经济的下一个春天就在每个人心里。信心动，万事方成。

中国经济的韧性到底在哪里

在很多场合都有朋友问我,怎么看经济形势。我常说,这要问你们这些做实际工作的人,要跟你们请教。

这不是谦辞。我是真的觉得不了解中国,或者说,对某些地方某些人群某些片段有了解,但那个更广大、更复杂的中国,我并未体验过。

我为读者写作,更是为解决自己的困惑而写作。我对中国经济有很多还不清楚的地方。为问题找答案,就是我的创作动力。

下文会结合我的一些观察,从一个新的角度和大家分享对中国经济的看法。

家电是我比较熟悉的一个行业,因为20世纪90年代我见证过冰箱、空调、洗衣机、彩电、VCD等各种大战,此后也一直有所接触,但总觉得大局已定,龙头企业主导,没有太多想象力。

2019年的中国家电及消费电子博览会(AWE),改变了我的看法。AWE创办于1992年,最初的展会规模不大,只占了北京展览馆一部分场地。2011年迁至上海新国际博览中心,一开始展会规模也只有1万多平方米，而2019年达到了13万平方米。新国际博览中心有17个馆，2019年AWE占了10个，展馆方因为有其他展览，拿不出更多的面积。据说2020年AWE将有13个馆。

家电业在发生什么变化？

一是品类多了。像厨电，已经占了两个馆。

二是产品线拓宽了。海尔、美的，一家包了一个馆。海尔涉足了智慧家庭的几乎所有产品，美的收购的库卡机器人在现场演示自动调配奶茶，美的的高端品牌COLMO和互联网产品品牌"布谷BUGU"都在做全系列产品。

三是品牌增加了。比如，海信收购了斯洛文尼亚的Gorenje，TCL推出了高端子品牌XESS（埃克塞斯）。

四是玩家也多了。华为来了，小米投资的智能硬件企业来了，德国现代厨房行业协会也带了十几个会员单位来亮相。

所以说"传统行业也在不断创新开拓"。过去是几大件，今天是智能互联家庭的所有硬件以及内容；过去是产品，今天是产品和服务的融合。

外资企业在高技术方面依然领先。在LG Display展台入口，四张柔性OLED面板组合在一起，让人大开眼界。而在应用创新上，中国企业往往别出心裁。老板电器展出了净烟系统"中央吸油烟机"。它由主机、用户家中的终端机、动力分配阀、防火阀、智能云平台组成，不是一家一户地考虑问题，而是彻底去掉传统油烟机内的电机，从在一栋楼宇的烟道顶部安装一台主机入手，将油烟排放方式由挤压外排，改为负压吸，通过智能算法分配风量。这是一个具有颠覆性的发明，尽管实施起来并不容易。

AWE上最让我触动的是奥克斯空调。我一直觉得空调市场有格力、美的"双寡头",加上海尔,已经没有多少空间了。奥克斯在我印象中还是一个技术水平不高的"价格屠夫"。完全想不到,它的年销量已经冲到1500万台,不亚于海尔,在电商销售市场已排名第一,好评率也很高。

奥克斯是怎么做到的?关键是聚焦新一代的网络消费群体。

前几年是电商红利期,奥克斯充分依托电商平台,用18~35岁年轻消费者熟悉的代言人和沟通方式,建立起年轻化、时尚化的品牌形象,打造了"倾国倾城""淑女窈窕"等明星产品,吸引了一批有时尚要求又注重性价比的年轻人群。奥克斯的管理团队由80后、90后组成,总裁就是80后。他们说,既然按老模式无法和格力竞争,索性放弃那个市场,直接面对下一代消费人群。

当线上红利逐步下降,奥克斯又抓住京东、苏宁等平台下沉开店的机遇,向基层市场渗透,逐步熟悉了基层市场的小B渠道。他们采用了"互联网直卖"的方法,放弃向经销商层层压货、完成销售任务后给予返利的销售模式,而是只发展一层小B(终端零售商),8台起订货,这样的好处是投资少,不压货。奥克斯说他们有1.5万家以上小B,他们通过小奥App直接下单,奥克斯接单后通过各区域的仓储中心调配,由第三方物流送货到店;小B或用户通过云平台寻找所在地的奥克斯售后服务人员,这些售后网点其实都是社会化的,目前有7500个,可以覆盖98%的县市,由他们抢单帮助安装、维修,就像滴滴打车一样。

在"互联网直卖"模式下,小B不管卖多少台,每一台的利润都是固定的,不和总销量挂钩,这有利于市场价格体系的稳定。在传统模式下,渠道库存很严重,如果天气很热,库存是好事,但这种模式本身的弊端越来越大,积重难返,经销商资金周转慢,而且越是下沉到基层市场，由于层层加价，线下产品的价格反而比一、二线城市更高。

我以前从不觉得格力的江湖地位有可能被谁动摇，但看了奥克斯的模式后，我觉得至少从营销和销售角度，它代表了更有效率、离消费者更近的玩法。把传统渠道的这部分成本压缩后，可以回馈消费者、使价格有吸引力，可以给终端的小B更好的激励，也可以投入研发、提升品质。我看了奥克斯拍的小奥App的广告，是嘻哈风格的，开头就是"年轻人没有积蓄，攒点钱不容易，不容易，买点生活必需品，总被套路进去"，这才是他们这一代的沟通话语。

在中国的总人口中，改革开放后出生的人数已经超过了改革开放前出生的人数。2019年是"2010后"这一代际的最后出生年。根据2010年人口普查数据，中国的80后有2.28亿人，90后有1.74亿人，00后有1.47亿人，10后估计有1.64亿人，加在一起，1980年之后出生的总人数为7.13亿。谁能在这些人群中率先找到自己的定位，就可能赢得新的机遇。而在40后到70后群体中奠定了江湖地位的知名品牌，请好好想想张瑞敏的那句名言——没有成功的企业，只有时代的企业。

2018年，一位做酒店的朋友出了一本书——《创始人手记》，有个分享会，邀我参加。他叫季琦，很爱思考。他说，内心的平静很重要，所以他退了很多群，退了很多总裁班，关闭大部分朋友圈，把时间更多地投入思考、阅读和游历。

2005年8月，季琦创立的汉庭酒店在昆山火车站开了一家店。截至2019年12月，他领导的华住集团在全国400多座城市运营着4000多家酒店，包括直营店、管理加盟店和特许店。这些品牌包括汉庭、全季、桔子水晶、花间堂，以及与雅高合作的宜必思、美居、诺富特等。我估计再用8到10年，华住集团的酒店可以开到1万家。

之前和刚刚上市的新希望乳业的董事长席刚交流时，我通过季琦的案例谈到中产化消费的潜力。他说，如果你觉得汉庭的发展已经够快，可以告诉你一个例子，河南有个农民打工仔，20世纪90年代到东莞打工，后来自己开工厂，金融危机时关门，带着一点钱去青岛，摸索出一个在三、四线城市开经济型酒店的机会。他2010年才有第一家尚客优酒店，现在已经有3000多家，他还创了其他一些连锁生意，量贩式KTV有600多家，还有中式快餐、烘焙、书店等。

我确实不知道中国有尚客优，搜索后才知道，这个年轻人出生于1980年，叫马英尧，尚客优的定位是"三、四线城市，60间客房，最美设计"，采用委托管理和加盟模式。2010年和2011年，他拜访了20多家投资机构，希望融资，均被拒绝。直到2012年，才获得了新加坡和法国两家集团的注资。现在，他的模式已经升级为"酒店+新零售""酒店+业态+内容"。

马英尧摸透了三、四线市场，他一年有100多天在县城跑。他发现大城市追求人无我有，彰显自我。而小县城追求人有我有，爱跟风，所以县城商业的头部效应比一、二线城市更明显。但在过去，大公司不关心县城市场，县城商业被小公司控制，它们模仿大城市的品牌的名字，但产品质量和服务标准都很差。

于是马英尧找到他的模式，他做标准和管理平台，千方百计把品质做好，他的酒店很有口碑，他的量贩KTV是县城的高端招待场所。另一面，他自己不做商业，而是征集加盟商做，他把赚钱的办法教给加盟商，让他们少投资，快回本，以最快速度发展。"标准化的事情自己做，非标的事情让当地人做。"

如果把模式做反了，在商业文明并不成熟的地方自己开店，肯定会掉入种种陷阱。

常在法国和上海居住的季琦有他的路子，县城市场的大赢家马英尧也有他的路子，他们都生存了下来，都在生机盎然地发展。

2016年年初，我提出过上海何时能再现"互联网王者"的命题，引发了不少争论。但今天，任何对上海互联网势力的低估，接下来几年很可能都会被"打脸"。我和拼多多、小红书、一条、爱库存等上海互联网公司的创始人一起探讨过新型零售。

2019年，拼多多创立才3年多，小红书才5年多，但它们的成长一点不逊色于深圳速度、杭州速度和中关村速度。一条和爱库存在它们所在的细分市场上，也都是佼佼者。

也许上海人特别是领导会觉得，要是拼多多的规模和小红书的调性能结合起来就好了。其实，正如淘宝上的消费场景并不投射西湖的柔美，拼多多上的场景也和流光溢彩的浦江夜景没有关系。拼多多折射的，是从性价比这个横断面展开的中国商业的演进。它让我们看到，移动互联网、支付服务、基层市场的交通物流、县域经济体居民的可支配收入增长速度超过城市经济体，当这些条件都具备之后，中国的基层市场开始喷发。

拼多多既用拼团的模式激活了这个新市场的参与性，又用反向整合供应链的方式，极大地提升了生产低价爆款产品的"拼工厂"的效率。以江西理文造纸公司为例，原材料（进口的桉树纸板，四川的竹浆）通过长江水运，运到公司自属码头，完成打浆、烘干、出纸、质检等工序，卷成纸巾卷，这是上游；接着，纸巾卷被运送到紧邻着的工厂，几十条生产线，切割、排列、推入全自动塑封机、包装、封口、打包、批量发货。从原料纸浆到成品包装，所有工序在一个工业园区内进行，节约了时间，也降低了运输成本。

拼多多上"拼农货"的规模化订单，也在催生类似的效应。比如在云南一些种植咖啡和水果的县乡，规模化订单促进了大量小农户、合作社的专业化整合，商家出资金，合作社和农民出地、出劳工，以集约化方式降低成本，提高抗风险能力，而且货源也更有保证。这些地方建起了仓库甚至冷冻仓，里面是流水化作业，这在过去单个农户的分散经营时代是无法想象的。

在小红书这个中国最大的生活方式分享社区，可以看到中国90后时尚一代走遍世界的豪情和扮美人生的热情；而在拼多多，可以看到以前处于"板结状态"的基层中国，无论供应链还是消费，都在被极大地激活；在一条，可以看到内容驱动的新生活方式以及线上与线下的深度结合；在爱库存，这个创立才两年的公司，革新性地建立起品牌库存与代购的小B之间的连接，第一年就已经实现了30多亿元的年度销售额……

很多互联网公司在裁员、退租，也有很多在蓄势、在绽放。

AWE的故事是传统行业与时俱进的故事，奥克斯的故事是代际变化的故事，尚客优的故事是县域经济的故事，拼多多和小红书的故事是移动互联网的故事。这背后，行业在变化，代际在变化，县乡在变化，技术在驱动。

面对这些故事，我究竟想说什么呢？

我想说的是，我似乎理解了究竟什么是中国经济的韧性。所谓韧性，就是说我们是发展中国家，我们还在发展中（developing），这是一个动态的变化过程。

在中国一线城市,你会觉得比纽约、伦敦更加发达(developed);在广袤的农村,尽管很快将脱贫,其实仍是不发达(undeveloped)的状态;中间这一块,又可以分成好几个层次,就像三、四线城市的连锁酒店,60个房间的规模最合适,而在一、二线城市,80~120个房间比较合适。

从不发达,到发展中,到发达,地球上的三种基本形态在中国同时存在,而且都有很大规模。中国依然处在迈向现代化的"未完成状态",只要有机会,中国人就想改变,就会向一个更加现代化的理想状态迈进。在不同的圈层和市场,人们所理解的现代化的含义有所不同,但由于信息流动,这些理解的差异将慢慢减少。

当有一天中国大部分地方都发达了,中国可能就会像今天那些发达经济体一样,脑子里不再只有工作和致富。那时中国的动力,也会和发达经济体一样回归均值状态。人生不只是奋斗,还要让自己舒服,不攀比,活得自在。

但在那之前,中国的主旋律还是拼。你觉得发达了,不想拼了,没关系,别人会拼,那些不发达和发展中的人们会拼。只要他们在拼,中国就不会失去增长的动力。

所以我的结论是,中国迈向现代化的成长故事至少还能延续几十年。基于多元化的、混合型的动力,中国的韧性,超过任何从单一视角所进行的想象。

但是为什么那么多企业都觉得日子越来越难了呢?或许你会这样问我。

因为,大者恒大,强者恒强,今天推动中国经济现代化的主导力量,越来越集中到有能力、有资本、有企业家精神和专业化能力的企业那里。正如小米的出现消灭了许许多多的山寨机，请想象一下，在拼多多、尚客优这样的力量的强力碾压下，将会有多少小而散的、低素质、低效率的制造商和服务商，会因为竞争力不足而被消灭。这的确很残酷。

柳传志说过一句话，不挣不长本事的钱。今天的情况正是如此，你想挣容易的钱，无论是把发达地方的模式引入不发达的地方，还是寻租、套利、炒作、坐等资产升值，或是打银行的、财政的、国资的主意，抑或是在需求膨胀、供不应求的年代随随便便就能发财，这一切都变得越来越难。拿电商来说，阿里经济体整合了一轮，拼多多在下面又整合了一轮，虽然使得消费者剩余实现了最大化，但对于林林总总的生产商来说是巨大的冲击和洗牌。活下来还要活得好，真是不容易。

同时，过去那种不计效率的投资拉动方式，也不可能再逞强了，中国的固定资产投资增速已经比GDP增速还低，这自然也减少了很多机会。再者，各种成本的上升，也使得原来能做的生意，现在做不了了。

总之，现代化和专业化程度较低，竞争力较弱的微观主体，日子将越来越难过。

但正如前面所讲的，整个中国还需要几十年才能实现现代化，还有大量变化的、发展中的机会。只是，真要抓住这些机会，要靠独特的能力。因为那些巨头们也不会闲着。

这就是我所看到的中国，韧性的中国。

在中国，每当我把这样的场景折叠在一起，就会有一种眩晕感——

那是低效、落后、不发达、浪费资源的中国。如果你假装看不到，不去解决，它积累到一定时候，就会爆发。

那是在充分的、开放的竞争中崛起的中国，是无法代替的中国竞争力。在2019年苹果公司刚刚公布的全球200家供应商和约800家合作工厂名单中，中国内地和香港的企业增加到41家，超过日本和美国，仅次于中国台湾。在中国的工厂增加到380家，接近一半。尽管有贸易摩擦，苹果的零部件采购仍在进一步向中国倾斜。

那是不甘心被锁定在微笑曲线的底部，而朝着更加市场化、法治化、高端化方向努力的中国。比如科创板，这么短的时间里，已经不可逆地快速起航了。

……

革故鼎新、转型升级、结构调整，一场深刻的新的经济革命正在发生，它不可能一帆风顺，但只要变革的动力在，希望改变自己命运的能动性在，中国就有希望把未来导向更好的方向。

路在脚下。这是充满矛盾但无比恢宏的中国现代化之路，我们还在发展中，还在变化，因此总有一种可能向你走来，为你展开。

大国心动：我们需要牛市，牛市需要怎样的我们

六祖惠能听法师讲经，忽然起风，旗幡飘动。随后，就有了中国历史上最出名的对话之一：

一僧曰风动，一僧曰幡动，惠能进曰："非风动，非幡动，仁者心动。"

有些朋友希望我能写写股市的话题，我想到了上面的场景。

从2019年1月4日上证指数盘中最低跌至2440点，创4年新低，到春节后突然艳阳高照，突破3000点，几乎每个股民的钱包都鼓起来一些，很多人都觉得牛市已来，现在还不上车就晚了。

而整个经济的基本面、公司的基本面并没有什么起色。2019年前两个月，拿汽车来说，乘用车产销量同比分别下降16.8%和17.5%。手机的情况是，1月国内手机市场总体出货量同比下降12.8%，环比下降4.6%，2月市场总体出货量同比下降19.9%，其中国产品牌手机出货量同比下降14.7%。

那么，股市为什么涨了20%多，超出绝大部分人的预期？

有人说是改革驱动，有人说是科创驱动，有人说是资金驱动，有人

说是外资驱动后散户跟进，我想到了一个词——大国心动。

尽管经济还存在诸多问题，也有不少风险待解，但历史上，我们这个国家似乎从未像今天这样渴望一个有活力的资本市场，而不是一个死气沉沉、哀鸿遍野的市场。有活力的市场未必是急匆匆的牛市，但人心所向，封住了股市不断向下沉沦的可能性。

有人说，金融市场上大多数人的共识总是错的。现在都看多，市场走向可能不如所愿。

这要看市场处在哪个阶段。疯牛阶段的情况是这样，目前，似乎有一种内在的力量，让投资者感到了市场出现结构性变化的可能。空方指望市场再回到2018年那样"跌跌不休"的底部，可能性应该很小了。

我所理解的大国心动，不是情绪的躁动，而是一种大国意愿和决心。

对大国心动的最准确描述，还是2018年12月中央经济工作会议所提的那段话——资本市场在金融运行中具有牵一发而动全身的作用，要通过深化改革，打造一个规范、透明、开放、有活力、有韧性的资本市场，提高上市公司质量，完善交易制度，引导更多中长期资金进入，推动在上交所设立科创板并试点注册制尽快落地。

将资本市场的作用明确为"牵一发而动全身"，这种提法史无前例。它意味着以银行为主的间接融资体系，无法更好地满足新时代的新要求，资本市场必须挺身而出，发挥作用。

我在之前写的一篇文章中指出，无论是始于PC互联网的BATJ（百度、阿里巴巴、腾讯、京东的简称）、新浪、微博、网易、搜狐、携程、新东方，还是移动互联网时代的小米、美团、拼多多、爱奇艺、腾讯音乐、阅文、蔚来，这些深刻影响中国人生活的互联网公司，没有一个在A股上市。这些创新公司从出生起就被风险资本所滋养，大部分还是国际风险资本，最后统统在国际资本市场上市。这种情况持续了差不多20年，从未改变，这就像假如美国的脸书、亚马逊、奈飞、谷歌都不在美国上市一样令人难以想象。

如果没有一个更具包容性、风险识别与风险消化能力强大的资本市场，就不可能很好地为创新经济配置资源，中国的经济转型、结构性重组调整也很难实现。从2008年到2016年，中国每年的杠杆率上升12个百分点以上，这种无休止的债权扩张式增长，不可能有出路。2018年的中美贸易摩擦，也让国人意识到"缺芯少魂"之痛，意识到在科技创新领域，像过去那样依靠财政资金、专项补贴、银行资金，定点扶持某些企业的做法，于事无补。只有用市场化的力量支持市场化的创新主体，才是更好的路径。

更不用说资本市场对并购重组、做大做强，对加大国有资本划拨社会保障基金力度，对推动国企改革和混合经济发展，都有着不可替代的作用。中国的今天比以前任何时候都需要规范、透明、开放、有活力、有韧性的资本市场。

市场牛熊，市场决定；但市场的定位和地位，国家意志有相当的话语权。很显然，今天的中国需要一个"有为之市"。

从我的理解看，2019年以来股市20%的涨幅，是市场对资本市场作用的再认识提高所带来的溢价。

当然，股指是基本面、资金面和心理等多因素结合的产物。从大国心动，到资本市场的大国行动，还需要继续观察。

很多分析师在研究2019年的资本市场，和历史上哪一轮行情最像。

如同围棋千古无同局，每一轮行情也各有特征，不可能重演。

但如果从大国心动和资本市场再认识这个角度看，我觉得2019年和2005—2007年那一轮行情的制度与政策背景，有一定相似之处。

2004年年初，国务院发布了《关于推进资本市场改革开放和稳定发展的若干意见》（国九条）。2005年9月6日，沪深证交所和中国证券登记结算公司联合发布实施《上市公司股权分置改革业务操作指引》，沪深证交所发布了《上市公司股权分置改革说明书格式指引》。资本市场股权分置改革的相关政策和业务操作程序由此而明确，全面股改正式进入实施阶段。

此前，由于历史原因，中国股市有三分之二的股权不能流通，同股不同权，同股不同利。由于上市公司流通股本规模相对较小，股市投机性强，股价波动大，定价机制扭曲。非流通股东与流通股东、大股东与小股东的利益冲突相互交织，事实上是"利益分置"。

当时分管金融的国务院副总理黄菊提出，推动资本市场改革发展要"标本兼治，重在治本"，他主张股权分置改革、整顿证券公司、提高上市公司质量"三管齐下"。当时通过分类处置，关闭或撤销30余家经营不善、管理混乱、违规严重的证券公司，化解了风险，建立了证券公司市场化退出机制。针对上市公司质量不高等问题，制定了提高上市公司质量的有关措施，着力解决上市公司大股东违规占用上市公司资金资产问题。在制订操作方案时，黄菊要求，第一要保护公众投资者权益、增强市场信心，第二要对上市公司起到惩戒作用。经过努力，到2005年年底，清理上市公司大股东违规占用资金资产工作取得很大进展，上市公司质量从整体上得到了提升。2006—2007年，资本市场迎来了一轮大牛市。

今天的资本市场与股权分置改革时相比当然有很大不同,但相同点在于:

首先,国家都将资本市场提升到全局性的战略高度。股权分置改革前有"国九条",是资本市场历史上一个里程碑式的文件。2019年的资本市场,则在"牵一发而动全身"的新定位下展开。

其次,股权分置改革不是单兵突进,是在制度变革的基础上"三管齐下"。当前的市场要务,也是要完善基础性制度,把好市场入口和市场出口两道关,加强对交易的全程监管。证监会主席易会满提出了"四个敬畏",他认为资本市场的"晴雨表"功能主要通过上市公司来体现,因此提高上市公司质量是重中之重。同时,资本市场也是一个投资市场,必须充分发挥市场价值发现功能,才能够吸引各类投资主体平等参与其中。

最后,股权分置改革是在发展中解决问题,当时的证监会主席尚福林说,解决股权分置问题不是万能的,但不解决股权分置问题则是万万不能的。当时推进改革的抓手是非流通股股东向流通股股东送股以换取流通权。今天,资本市场也要在发展中解决问题。要推进发行、上市、信息披露、交易、退市、投资者适当性管理等整个市场的基础制度改革,需要一个抓手,这就是在上交所设立科创板并试点注册制。

从做强资本市场制度基础的角度看,目前证监会在做的,是对的事情。

对当前的市场行情,众说纷纭。

有人说，A股指数一个月涨20%并不罕见，过去20年这样的情况有15次。也有人说，这波行情中已经出现了不少"妖怪"，一些亏损严重的"业绩爆雷股"强势反攻连续涨停，和5G毫不相干的东方通信股价从不到4元暴涨到30多元，高层持续失联、频繁发布风险提示公告的*ST毅达，从2019年2月1日到3月8日的21个交易日内，获得了19个涨停板。

有的分析师说，2019年是牛熊转折起点，现在就是投资中国的历史性机会。也有分析师预测，企业盈利未来半年很可能超预期下行，导致市场被打击，向下共振发酵。

2019年3月7日，两家龙头券商的分析师对中国人保和中信建投两只牛股发布看空报告，第二天相关股票开盘、收盘都跌停，上证指数大跌4.4%，跌破3000点。在2019年的全国两会上，证监会主席易会满说，"对个股的看空报告非常正常"。

我觉得易会满表态背后的含义是，从价格形成机制和市场交易的角度看，看空看多如同硬币的正反面，都是不可缺少的力量。A股多年来的主要问题是"多"的泛滥，如"万点论"等。有一些"空"的声音，比单向强化的自我实现，更能促进价格围绕价值波动，不是坏事，很正常。

如果看一下证监会2019年的9项重点工作内容，会发现，发展是主旋律，如加快发展PE基金、鼓励国有控股企业和金融企业实施员工持股和股权激励、推动更多中长期资金入市等。但证监会也提出，要把防范化解金融风险放到更加突出的位置，牢牢守住不发生系统性金融风险的底线；加快市场法治建设，强化依法全面从严监管，严厉打击各类违法违规行为，切实保护投资者合法权益。可见，促发展、促改革和防风险，基本是平衡的。

这样的一种态度，和2015年"双创+信用大扩张"背景下的人工牛市有很大不同。从监管者最近对新的配资热的态度看，急牛、快牛、疯牛，显然不是监管者希望的市场选项。

最后简单说一下，我们需要怎样的牛市，牛市需要怎样的我们。

我所希望的牛市，是能够更多体现公司价值创造能力的牛市，而不是主要靠估值攀升、击鼓传花、更多体现财富转移程度的牛市。相比起来，2005—2007年的行情，有一个慢慢攀升的过程，一大批各行业的优质公司得到了市场的奖励，那些公司中的绝大部分直到今天仍是资本市场的价值基石。而2015年的牛市，狂升狂跌，像"扎飞镖"一样，市场显现不出价值发现功能，一些善于炒作、玩弄概念的公司反而是大赢家，获得了巨大利益，它们在高位增发，在高位套现，让许多投资者今天仍深套其中。

牛市到最后总是疯狂的、没有理智的，所以很难说牛市有好坏之分。但不同的牛市还是会有一定的区别。"好的牛市"，投资者被套之后，有比较大的机会"用时间换空间"；"坏的牛市"，解套的可能性则小得多。对社会来说，"好的牛市"，是激励创业者做有价值的好公司、创新公司的牛市，"坏的牛市"，是比赛谁的杠杆高、谁编故事的能力强、谁从"韭菜"那里掠夺得更多的牛市。

历史给过我们很多的教训，这些教训，加上监管者的宏观审慎，有可能对"坏的牛市"形成一定制约。而对广大的中小投资者来说，无论牛市熊市，尽可能注重公司的安全边界，买能够看明白的、行业领先的公司标的，总是会更加放心一些。长期以来，A股中绩优股的估值水平都低于绩差股，越是大家看不明白的，反而市盈率越高。但这种情况不可能长期持续，而且正在被抑制。投资二级市场需要做专业的功课，如果自己缺乏专业判断力,最好通过专业化的投资基金去参与。同时也要做好配置。

知者不惑,仁者不忧,勇者不惧。我们想让市场成为一个什么样的市场,我们就必须成为什么样的公司、投资者、监管者。

2020年是中国资本市场创立30周年。三十而立,我们希望市场的基础性制度更加完善,希望市场的内生能力健康成长,希望市场的资源配置作用真正有效发挥。如果是这样,资本市场就能取得阿基米德所说的"给我一个支点,我可以撬动整个地球"的那种支点效应。当然,这不是谁一厢情愿就能实现的,中国资本市场的命运,握在每一个市场参与者手中。

中国"第一世界"的启示

我们经常说中国是世界最大的发展中国家,还不发达,要到2035年才能基本实现现代化。中国的人均GDP不足美国的六分之一,不足德、英、法、日的四分之一,并不是那么厉害。

但同时,当中国人出国,到很多发达国家的城市,往往又觉得"不过如此",觉得中国的城市在很多方面不次于甚至超过了这些地方。

这究竟是怎么一回事?

首先,从人均GDP看,中国确实是发展中状态,但已是发展中的较前水平。

根据2019年4月15日国际货币基金组织发布的《世界经济展望》,2018年世界GDP总量为84.74万亿美元,总人口74.96亿,人均GDP为11305美元。中国的人均GDP为9608美元,离世界平均水平还有1700美元距离,但已经不算太远。

根据数据库,人均GDP排名在中国之前的经济体的人口为15.79亿,占世界总人口的21.1%，它们的人均GDP为36775美元；人均GDP排名在中国之后的经济体人口为45.21亿，占世界总人口的60.3%，它们的人均GDP为2931美元。另外，世界人均GDP的中位数为4264美元，即4264美元之上和之下的人口总数一样多。

打个通俗的比方，假设全世界总人口为100人，则21人比中国富有，60人不如中国，中国代表着这中间的19个人。按人均经济产出，中国处于全球前40%的人口序列，显然不是一个穷国了。

其次，从中国境内各区域的情况看，某些区域已是世界发达水平。

我们主要看看俗称为"北上广深"的四个一线城市的情况。

先看上海。据《2018年上海市国民经济和社会发展统计公报》，按常住人口计算，2018年上海的人均GDP达到13.50万元，若按全年人民币与美元平均汇率（1美元兑6.6174元人民币），上海的人均GDP为2.04万美元，超过2万美元这一发达经济体标准。

我居住在浦东区。2019年6月上海出台了支持浦东新区再出发的意见，提出浦东要通过7年左右的努力，实现GDP突破2万亿元的目标，比2018年翻一番。2018年浦东新区GDP总量为10460.09亿元，常住人口为555万（其中外来常住人口236万人），以此推算，浦东的人均GDP为18.85万元，相当于2.85万美元。

但浦东区的人均GDP并不是上海最高的，要低于黄浦区和长宁区。上海第一区是黄浦区，服务业占区域经济比重高达95.6%，2018年人均GDP为32.72万元（2270亿元/65.38万人），相当于4.94万美元，超过德、英、法、日的平均水平。

2018年广州市的人均GDP是15.77万元，比上海高16%。广州市人均GDP最高的区是黄埔区，其人均GDP为31.76万元，相当于4.8万美元。

但中国第一区并不是上海黄浦区，我们再来看看深圳南山区和北京西城区。

2018年整个深圳的人均GDP水平（19.33万元）相当于上海的1.42倍，而作为深圳的领头羊，南山区人均GDP为35.23万元，相当于5.32万美元。

北京西城区因为有众多金融机构总部集聚，对GDP贡献很大，2018年全区实现GDP 4243.9亿元，年末全区常住人口117.9万人，如此算来，西城区的人均GDP为35.99万元，已经超过多年位居全国第一的深圳南山区，堪称中国第一区。[1]

单从人均GDP这个指标看，北京西城区、深圳南山区、上海黄浦区、广州黄埔区，人均GDP都已在5万美元上下，它们作为中国的"第一世界"，毫无疑问已达到了世界发达经济体的水平。

上述数据全部来自官方的政府工作报告或国民经济和社会发展统计公报。那么人们就有一个问题，官方的GDP统计有没有水分？

GDP统计肯定存在多计和漏计两种情况，也肯定有"数字出官，官出数字"的问题，但全球越来越多研究机构的共识是，中国的GDP被少计了，主要原因是对服务业的计算不充分。

---

[1] 按照《北京市西城区2018年国民经济和社会发展统计公报》，全区人均地区生产总值达到35.38万元，按平均汇率折合5.34万美元，和笔者计算略有出入，但不影响其排在全国第一的位置。

比如，发达经济体的自住房租金占GDP的8%到10%左右，也就是说，居民住自己的房子，相当于自己给自己交房租，这个数字也是GDP的一部分。

中国已对自有住房服务价值进行虚拟计算，计入GDP，但方法是成本法（居民自有住房服务价值=维护修理费+物业管理费+固定资产折旧）。而由于房价不断上升，城镇房屋的造价与市场价值的差距越来越大，导致城镇居民自有住房服务价值被低估，进而导致房地产业增加值、居民可支配收入和居民消费支出的低估。中国房地产业增加值的占比显著低于美国，2011年美国房地产业增加值占GDP比重为8.97%，中国为5.65%。2018年上半年美国房地产业增加值占GDP的12.15%（其中虚拟租金为9.78%），中国房地产业同期的增加值占GDP的6.78%，这与居民自有住房租金的统计方法差异有很大关系。

又如家政服务，现在保姆、月嫂的收入越来越高，这在国外是计入GDP的，而中国并未怎么计算。

还有建筑业[1]，中国每年的基建规模是美国的数倍，这从中国消耗的钢铁、水泥、平板玻璃等数量的全球占比也可以看出来，但2018年上半年的统计结果是，美国建筑业增加值为4129.5亿美元，中国建筑业增加值约为25169.2亿元人民币，按上半年平均汇率约为3860.6亿美元，低于美国，这样的结果是不能准确反映中国建筑业的GDP的。

中国从2017年起已经按照国际发达经济体的惯例，将研发支出纳入GDP，随着未来在更多的服务业领域进行更为全面和准确的计算，中国的GDP在很大程度上会被重新衡量。重估的结果将是增加，而不

---

[1] 房地产是第三产业，建筑业是第二产业。

是减少。

接着讨论一个问题,既然中国增长得这么快,为什么民生领域的各种抱怨还是很多?

过去经常讲的,是高消耗、低效益、难循环、负债多、重增长不重社会均衡发展等,这里不再重复。

这里集中讲一个问题,就是党的十九大报告所说的"发展不平衡"。

以2018年的人均可支配收入来看,在北京,西城区的水平是81678元,海淀区的水平是78178元,而到了密云区,水平是34951元,延庆区是33887元,相差两倍多。西城的水平是延庆水平的2.41倍,这相当于什么?2018年中国城镇居民人均可支配收入是农村居民的2.69倍。大致可以说,如果西城相当于城市,延庆相当于农村。

但延庆的这个水平,放在全国各省市,又是比较高的,比排在全国第7的福建还要高(2018年福建省居民人均可支配收入为32644元)。

再看一下广东,按照人均可支配收入,广东省名列前茅的几个区的水平是:深圳福田区(75104元),深圳南山区(72908元),广州天河区(68666元),广州越秀区(66205元),而到了广州排名最后的从化区,人均可支配收入只有28837元,排在整个广东省最后的揭西县,只有14253元。

上海各区的发展相对是比较均衡的,但人均可支配收入的差别也不小。水平最高的黄浦区、静安区在7.5万元到7.8万元,最低的崇明区不到3.7万元。

发展不平衡,这可能是中国经济最大的问题。背后指向的是区域不平衡、职业不平衡、所有制不平衡、劳资不平衡,等等。

这篇文章最后的结论是:

中国的整体经济发展已经上了一个很大的台阶,逐步接近高收入经济体的下沿。中国的"第一世界"放在全世界,也是先进水平了。这个时候要更上一层楼,会比以前困难不少,因为你已经跑到前面了,今后只能更多地依赖创新。

由于中国独特的地理环境、开放次序等原因,发展不平衡是我们的最大挑战。这不仅是经济问题,也是社会问题。尽管中国有北京西城、深圳南山、上海黄浦、广州黄埔这样的标杆,但这只是很少的地方,整体来说,中国还存在很大潜力。

当中国在某些方面跑得已经靠前了,未来怎么办?发展什么产业,怎么发展?不可能靠政府拍脑袋,因为这对政府也是新课题。政府要做的,是构建好的、法治化的、可预期的营商环境,具体的方向要靠市场和企业家发挥作用。同时,政府要多关注弱势群体的保障和发展问题。

经济增长和人的发展与幸福之间,不是等号关系。这是中国发展的新课题、新挑战、新任务。比如房价越高,计入GDP的虚拟租金就越高,对GDP的贡献就越大,但这显然和幸福指数不是正相关关系。人均GDP最高的地方,是服务业比例特别是金融服务业比例最高的地方,而金融从业者因为市场波动原因,平时多处于紧张状态,其幸福感并不高。这都是一些值得深入讨论的问题。

GDP很重要，但GDP不是万能的。看中国的"第一世界"的这些区的政府工作报告，已经比较淡化GDP指标，如上海黄浦区2019年经济社会发展的主要预期目标有四个：区级财政收入同比增长不低于5%，完成旧改居民签约8000户以上，完成旧住房综合修缮15万平方米以上，城镇登记失业人数控制在市下达指标内。没有GDP指标。

当然，没有GDP增长也是万万不能的，所以浦东提出了7年翻番的蓝图。作为浦东居民之一员，我乐见其成。

2019年之夏：雷声为谁而鸣，掌声何时响起

2017年的夏天，泡沫化的资产估值体系，头脑发热的企业，推波助澜的银行，脱实向虚的大资管的支持，这一切造就了许多地基不稳的"传奇"，如火箭般腾飞，好像都要摆脱地心引力了，结果仿佛一夜之间，重归大地。

2018年的夏天，针对一些企业主所说的，他们遭遇困境是因为营商环境不好，"逼良为娼"、"水至清则无鱼"，我回应，"你的行为，其实跟钱无关，跟生意无关，跟你做生意的原则有关。……人总要真正相信一些什么，并努力把这种相信变成生活方式、工作方式、待人方式。瞒骗、吹牛、投机、取巧、害人，终究长久不了"。

通过2019年夏天的调研，我觉得有责任呼吁一下：当前，从政府到金融机构、企业和社会各界，必须高度重视债务爆雷的问题、资产负债表衰退的问题、经营性现金流薄弱的问题。

这三大问题对企业、家庭、市场和金融机构的影响，我认为远大于中美贸易摩擦。

同时我也感到，当前企业间的三角债问题相当严重，在某些方面不

亚于20世纪90年代的情况，急需清理和解决。

先说金融端。这里提到的每一类金融机构，我都找对口人士了解过。

关于中小金融机构（如那些不能及时披露年报的城商行和农商行），问题主要是负债成本高，发行的同业存单和理财产品期限短，而贷款项目回报低、周期长，收益覆盖不了成本。

关于信托公司，2018年信托行业的资产规模近10年来首次下降，68家信托公司有52家资产规模下降，有43家利润下降。一家赫赫有名的信托业上市公司2017年净利润为36.68亿元，2018年净亏损为18.33亿元，截至2019年5月20日到期未能如期兑付的信托项目共25个，涉及金额117.6亿元。

关于P2P，从2018年6月末到2019年6月末，正常运营的P2P平台从1959家减少到650家左右，投资人损失惨重。

关于债券，据中央国债登记结算公司发布的风险监测报告，2019年上半年累计违约债券规模489.07亿元。《经济观察报》根据Wind咨询的不完全统计，截至2019年6月27日，信用发生违约的债券数量有96只（银行间市场40只，交易所市场56只），前6个月违约金额776.47亿元，96只违约债券中民企有89家。据《21世纪经济报道》，2019年上半年有23款政信产品违约，其中县级融资主体为17个。从2018年下半年开始，牢固的"城投信仰"已被打破，从县一级到地级市甚至到个别的省一级。

关于私募基金，根据中国证券投资基金业协会发布的失联公告，截至2019年6月18日，全国已有703家私募机构被列入失联名单，呈上升趋势。基金退出难，募资难，盈利难，估值倒挂，将导致行业洗牌更加残酷。

关于第三方财富管理，2019年7月诺亚财富旗下的基金踩雷，涉及本金总额约34亿元，由此又带出更多踩雷者。诺亚创始人汪静波在内部信中说，当经济下行，抵押品衰竭，资本品价格不再上涨的时候，爆雷的会越来越多，系统性风险也越来越大。

上面说的，都是金融业的事。这么多爆雷事件，杀伤力可想而知。我曾经和一家证券公司高管交流，他说，现在做投资，除了少数真能通过创新技术提高效率的公司外，能放心的标的太少了，最好的就是像阿里的"借呗""花呗"那样的ABS（资产证券化）产品，一是极其分散，二是有了解贷款人及风控的手段。那些非标的B2C的产品，风险其实都很大。

他的这个观点，和汪静波最近所说的是一致的，就是必须摆脱巨大的非标固定收益资产的路径依赖，从非标固收产品驱动到标准化基金驱动和组合型、净值型产品驱动。

上述交流，真的令人郁闷。我想坦率地告诉大家，作为投资者，不要指望某某大项目能给你带来比"无风险利率"（银行利率）高很多的收益率，同时还能保证刚性兑付。没人强迫你买这样的产品，越多幻想和侥幸，就有越多陷阱和灾难在等你。用最近的一句流行语来说就是，"只要持续走下坡路，你就永远不会停留在最低谷"。

再说一下企业端的事情。2019年1—5月规模以上工业企业利润下降了2.3%，而2018年同期的数据是增长16.5%，企业的情况到底怎么样，不用多说。

在大企业方面，我们以上市公司为例。2019年，从7月4日到8日，先后有4家上市公司发布公告：

7月4日，新城控股公告，董事长王振华因涉嫌猥亵儿童罪被上海普陀警方刑事拘留；

7月4日，ST天宝公告，董事长黄作庆因涉嫌虚开发票罪，被大连市公安局经侦支队采取拘留的强制措施；

7月5日，博信股份公告，董事长罗静被警方刑事拘留；

7月8日，*ST鹏起公告，董事长张朋起因涉嫌内幕交易、泄露内幕信息罪，被丽水市公安局刑事拘留。

4个上市公司董事长连着被刑拘，这在历史上是少有的。除王振华属于个人问题、和新城控股经营管理无关外，其他董事长的问题都和公司本身爆雷有关。

7月5日，证监会还发布，经查，康得新涉嫌在2015年至2018年期间，通过虚构销售业务等方式虚增营业收入，并通过虚构采购、生产、研发、产品运输的费用等方式虚增营业成本、研发费用和销售费用，虚增利润总额达119亿元。深交所表示，如证监会对*ST康得做出最终行政处罚决定，深交所将第一时间启动公司重大违法强制退市流程。

在小微企业方面，我们以2019年6月24日央行会同银保监会等发布的《中国小微企业金融服务报告（2018）》白皮书为例，截至2018年年末，我国小微企业法人贷款不良率为3.16%，单户授信500万元以下小微企业贷款不良率5.5%；我国中小企业的平均寿命在3年左右，成立3年后的小微企业持续正常经营的约占1/3，而美国中小企业的平均寿命为8年左右，日本中小企业的平均寿命为12年。

成本很高，挣钱很难，拖欠款很多，这是我在接触实体企业时经常听到的话。而且，越是这种情况骗子越多，金融诈骗、非法集资、经济犯罪还在蔓延。

讲完上述情况，大家就会明白，我为什么说，债务爆雷，资产负债表衰退（资产缩水+债务高企），经营性现金流薄弱（受困于三角债），其影响比中美贸易摩擦要大。这些问题如果继续恶化，消费如何能上去？民间投资如何能上去？中国经济的活力和动能如何能上去？

这么多问题，原因是什么？

原因是复杂的。

一是外部性原因。近年来世界发生了不少动荡，出现了许多不利于中国习惯的全球化、自由贸易的变化，且全球增长本身也存在压力。2019年3月，经合组织鉴于大多数主要发达经济体的前景黯淡，将2019年世界经济增长预期下调至3.3%，创金融危机以来的最低水平。

二是周期性原因。受人口老龄化、劳动人口和流动人口下降、2008年金融危机后刺激过度、产能过度饱和、负债水平不断攀升等影响，很多行业从景气高峰逐步下行。

三是结构性原因。供给侧结构性改革的客观后果是强者恒强，大者恒大。行业集中度提高，这本身是对弱小低质企业的挤压和清理，而在间接融资占绝对优势、对非公企业存在天然歧视的背景下，一些本来有希望存活的民企也纷纷倒下。

四是体制性原因。近年来国有部门、政府部门在资源配置、廉价资金获取、政府采购、行政性行业整合等方面的作用越来越大，产生了一定的"挤出效应"[1]。

---

[1] 指政府为了平衡财政预算赤字，采取发行政府债券的方式，向私人借贷资金市场筹措资金，从而导致市场利率上升，私人投资和支出因而相应地下降。

五是政策性原因。比如政策多变（如多个行业的补贴）、政策真空（如前期P2P行业的监管）、政策一刀切（如环保）、政策简单化（如对普惠金融忽上忽下）等。

六是素质性原因。如爆雷的众多P2P平台，又如康得新和康美这样的"白马公司"等。

怎么办呢？

客观地说，各级政府对经济建设和营商环境是下了力气的。在世界经济风险上升、贸易投资放缓、国内增长压力增大等背景下，政府通过推动减税降费和"放管服"改革，进一步开放市场，保护知识产权，落实和完善研发费用加计扣除等，也在努力提振信心，提升活力。

但冰冻三尺，非一日之寒，中国经济的两大问题，至今仍未真正解决：一是资源配置问题，二是增长方式问题。过去几十年，我们的经济是高成长的，但也是高消耗、高代价、多泡沫、多浪费、低效益的，一旦水落石出，就会满目疮痍。

社科院学部委员余永定提出中国经济维持一定增速仍然重要，应实行财政货币双宽松的观点，是看到当前经济增速下行、资产价格下降带来的诸多问题，认为政策必须更加有为，经济不能硬着陆，而是要先稳住，再进行改革。

如果要我给出一个政策建议，应该是"综合施治"或"系统施治"，即客观全面地分析造成问题的多种原因，标本兼治的政策可以加快出台，守住底线的政策相机而动，救急解危的政策量力而行，但我不主张进行政策刺激。

因为纵然可以通过国家信用释放出更多的货币创造，释放出更多的财政赤字空间,但这都是有代价的。更重要的是,现在国家信用在扩张,但私人部门的信用在收缩,如果私人部门就是不扩张、不投资、谨慎消费,怎么办?这涉及更深层次的问题。因此,政策刺激的边际改善空间并没有想象的那么大。

所以,我希望提醒各界高度重视当下的债务等问题,但解决问题,还是要尽最大可能遵循经济规律。当下的困难,其实是长期的、不那么合理的增长模式"下的蛋",是一笔"集体债""共同债",还债很痛苦,但只能忍,忍过去,前面可能是新天。

我们中国的经济,一直有一种把增长当政绩,而不是以效益为追求的惯性。

20世纪90年代我在广州做杂志,目睹了广东很多企业和金融机构高息借内债外债。由于企业效益不行,只能借新还旧,甚至通过捏造"美好未来"、伪造财务报表、与资金方的内部人里外串通的方式再融资,导致债台高筑,财务窟窿再也填不上。最后轰然倒塌,连片受害。

最典型的案例之一,是江门市下辖的恩平市,政府官员直接指挥金融机构乱集资、乱拆借,用高达百分之二三十的利息从全国各地吸引了总额超过百亿的资金,很多钱投到当地的水泥厂、纺织厂、铝材厂等"支柱产业"中,这些企业承诺的年投资回报率都是30%到40%。为追求所谓"超常规发展",恩平市甚至以"金融体制改革"的名义,鼓励辖内金融机构违规高息揽存,只要单位和个人能拉来存款,就给予"手续费""协储奖"等奖励。

但债务链条一环扣一环,追根溯源,关键还是基础资产能不能如期提供可靠的现金流和回报率,否则,链条崩断是迟早的事。恩平事件爆发后,原任市长说:"恩平所欠的债,全市人民不吃不喝100年才能还清。"

我在上海交通大学高级金融学院参加一场答辩会时，和一位同学进行了交流。她是山东济南章丘一家工程机械企业的高管，该企业在中小塔机这个细分市场上排在中国第一。

我问她，你们行业现在怎么样？

她说，处在历史最好水平，像中联重科，现在排队等着拉货的汽车要排2千米。"我们家的产品也非常紧俏，以致市长都曾打来电话，问能不能给某某供几台。"

她给我画了一张图，讲了行业的周期变化。从21世纪第一个10年，是工程机械行业的10年黄金时期，2008年金融危机冲击很大，但4万亿政策很快把行业拉起，到2010年达到巅峰。此后行业景气度明显下降，企业普遍通过融资租赁刺激需求，虽然力保产能，但终端市场不景气，买了工程机械的用户接不到业务，回款能力越来越差，最后发生很多逾期纠纷。2012年后，整个行业的资本支出增速明显放缓，2014—2016年资本支出甚至出现了下降。有的代表性企业，2011年年底有近13万员工，2016年年底裁到不足8万人。

从2017年开始，行业复苏，章丘这家企业2017年收入增长了22%，2018年增长了100%以上，2019年上半年也是高增长。

行业是有周期的，透支的增长只能维持一时，最后还是会掉下去的。在低迷期，弱者会被淘汰，工程机械企业从最多时的1000多家减少到四五百家，行业集中度在提高。

观察一个行业的发展，重要的不是看生生死死，而是要看每一次生生死死后，是哪些企业留在这个舞台上。如果那些有成本优势、技术优势、管理优势的企业留下了，而且它们在全球竞争中也是强者，那这个行业的发展就是健康的。

像章丘这家企业，2000年创立，创始人最早是个货车司机。他每天早上5点多钟就到工厂转悠，晚上九十点钟才离开，多年如一日。他自己出差住经济型酒店，但舍得花钱从日本松下、瑞典ABB引进100多台焊接机器人。为了保证在技术和设备上的投入，他把房地产项目赚的钱也投到工厂。

这两年经常听到，山东经济问题很多，债务累累，但交流之后我得知，山东有不少优秀的、低调的、注重研发投入的民企，其内生活力、创新力、效率、响应市场的灵活性非常强。

我对这位同学说："谢谢你，让我不仅对一个行业有了认识，而且对中国经济中那些拼搏进取的向上力量也增添了认识。"

至此，被各种雷声弄得闷闷不乐的我，终于轻松了一些。中国经济的结构性调整，有无可奈何花落去的悲哀一面，也有柳暗花明又一村的开阔一面。

如果中国经济的资源，更多地掌握在那些认真负责、踏实务实、诚实守信的价值创新者手中，那么，此起彼伏的雷声终会淡去，一个真正健康、有底气、可持续的时代就会到来。此刻最需要的，不是各种口号和忽悠，而是诚实经济学、创新经济学和奋斗经济学。

从雷声到掌声，命运系于每个人手中。

中国的 PATH，能否超越美国的 FAMGA

PATH 与 FAMGA

PATH，是道路、路线的意思。

PATH，也是我心目中，中国最具创新力、引领性的四家世界级公司的拼音首字母的合成词，即中国平安（P）、阿里巴巴（A）、腾讯（T）、华为（H）。这四家公司，三家总部在深圳，一家总部在杭州，两家诞生于1987、1988年，两家诞生于1998、1999年。

为什么写这个题目？因为我觉得，在中美贸易摩擦以及长期拉锯的背景下，每一家中国企业都在面对考验。这种考验的实质是——我们能不能比以前做得更好，更出色，更有竞争力？当年《中国企业家》有句口号："国力的较量在于企业，企业的较量在于企业家。"今天，中国商界应该会更深切地意识到"较量"的含义。

我们的差距还是很大的。全球100个最具价值品牌，美国占半壁江山。在不少领域，要在中国找出和美国品牌的影响力相当的对应物，还是困难的，例如麦当劳、可口可乐、迪士尼、沃尔玛、伯克希尔·哈撒韦、强生、Adobe、Costco、IBM、埃森哲、辉瑞制药、高盛、3M等。而在所有美国品牌中,最具号召力、市值刚好排在全球前五的,是被称为FAMGA的五家科技公司,即微软(M)、亚马逊(A)、苹果(A)、谷歌(G)、脸书(F)。按2019年6月21日收盘价,它们的市值分别为1万亿美元、9410亿美元、9146亿美元、7789亿美元和5456亿美元。

未来5年、10年、15年,当中国经济总量超过美国甚至超出不少的时候,中国会不会有一批公司,能和FAMGA抗衡,放在全球也不逊色?

目前来看,希望寄托在PATH身上。中国PATH能否以及如何超越FAMGA,将是全球商业生态的一个看点。而我提出这个命题,更是希望引起包括PATH在内的更多中国公司的重视——在新的全球化竞争格局中,每个公司都有一条战线,都有一份责任,天降大任,何去何从?

"智能闪赔"的案例

多年来我一直思考的核心问题之一,是中国公司有没有为全球商业文明创造出独特的价值?如果有,"中国价值""中国道路"到底是什么?

我曾以华为公司为例提出,基于中国用户的巨大数量、高度复杂性和挑剔性以及整个市场此起彼伏的高强度竞争,倒逼着在供给端已经锻炼出了一批和全世界竞争对手相比"就是更好"的中国公司。

在对中国平安的科技发展的调研中,我更坚定了自己的看法。

2019年4月初,我访问了中国平安联席CEO之一的陈心颖。她是新加坡人,毕业于麻省理工学院,2013年加入平安前在麦肯锡工作过12年。我问,平安这几年在科技方面投入很多,哪些成果已经显现?在国际上能否做到领先？

陈心颖讲了两个刚发生的故事。一是，她接待欧洲一家保险公司的考察团，他们来了解平安产险的"智能闪赔"服务，即在车险理赔中通过智能机器人实现全自动理赔定损。一开始，欧洲客人不相信"智能闪赔"会像介绍得那么好，就在外面临时找了一位车主，"谎称"车有事故，看查勘员是不是真能在10分钟内赶到。结果查勘员如期而至。详细了解后，该公司决定在其全球80多个国家的市场中使用平安的技术。

另一个故事，是她之前受新加坡政府邀请，参加了一场新加坡如何更好地建设智慧城市的头脑风暴。"客观地说，新加坡意识到慢慢落后了。不久前，新加坡市民要在路边停车，还要使用一个从商店买的类似停车本的东西，有人站在路边记录你的停车时间。而在中国大城市，这是很难想象的事。"不少新加坡考察团到中国考察后，对这里的各种数字化创新很感兴趣。

平安的"智能闪赔"是怎么一回事呢？就是用人工智能做车辆定损。用户在自主完成车辆损伤图片拍摄后，后台自动判断车辆损失部位，并快速给出修理意见，同时同步当地修理厂提供配件和工时报价，实现全自动理赔定损，彻底取代"人查勘、人审核、人赔付"。目前在334个地市级以上城市的中心区，从早8点到晚8点，平安车险客户报案后就可以看到查勘员的位置，查勘员5到10分钟赶到现场。平安还建立了智能调度平台，以事故现场为中心，根据周围查勘员的忙闲和工作量，智能判断到达时长，就近就快派工。他们还联合全国上万家4S店及修理厂，引入社会化查勘队伍进行代查勘，以加强覆盖。

以前，一个车险定损案件的处理要一天甚至几天，现在客户只要拍好照片，用平安好车主App就可以快速处理。图像定损不仅节约时间、成本，还提高了精准度，因为过去有很多资历不深的查勘员对车损的判断往往有错误。智能机器人还能及时发现欺诈行为并进行阻断，降低骗保发生的概率。

平安为什么能做到"智能闪赔"？一靠数据积累，二靠技术，包括图像识别、知识图谱、规则引擎等。首先要判断车的图像是不是保险保的车，是什么类型的车，把车的不同部位都识别出来，判断哪个部位有损伤，在23种损伤程度中属于哪一种；全部都识别测量出来后，再跟后台积累多年的庞大、丰富的知识图谱去比对，通过匹配损伤部位和程度的信息，用秒级速度判断修理或更换部件的方案、部件的费用等，最后根据3万多种数字化理赔风险控制规则，算出一个理赔总价返回给客户。

2018年，平安的"智能闪赔"获得了国际权威的"Gartner 2018金融创新奖"。这一技术已向行业开放，被国内多家保险公司所采用。

2019年，平安产险的智能理赔又有了一些新举措，如上线"信任赔"服务，通过人工智能和大数据计算，综合测评车主驾驶习惯、交通违章和车辆维修记录等多个维度，实现一人一车一额度，车主可在额度内自主理赔，出险后只需报案上传照片、确认接收赔款两步，即可赔付到账。

这个案例的含义是，在比拼数据、算法、算力的新商业时代，中国公司的领先可能是一件非常自然的事。

从"智能闪赔"到"智能通行"

故事还没有讲完。从0到1之后，是更多的应用空间。

在"智能闪赔"基础上，平安帮助深圳交警部门开发了一个智能事故处理平台，进而进入"智慧交警""智能通行"等领域，并向更多城市拓展。

交警部门的一个痛点是，大多数车险事故要交警到现场后才能定责，事故车辆至少要40分钟才能撤离现场，如果刚好是上下班高峰期，对道路造成的拥堵会十分严重。而智能事故处理平台上线后，可以实时报案，无须等待交警，取证后即可撤离，做到"快撤直赔"。由此，因车祸造成拥堵的情况可以从40分钟缩短到5分钟。

紧接着，平安又帮助交管部门推出了智能通行平台，依靠道路卡口、电子警察、停车场闸口、车辆射频识别（RFID）技术等提供的"交通动态监控系统"底图数据层，叠加事故监控、重点车辆、高清摄像头等图层，及时了解车辆分布，通过数据运算，预测交通动态。交管部门据此可进行管控或疏导，以预约通行、收费通行、分流提醒、信号灯调节等多种方式，优化交通。司机则可以通过交管部门的提醒，结合智能导航，选择最优路线。

智能通行平台不仅有助于改善交通，还能提高执法效率。通过人工智能，可以快速识别违法停车、逆向行驶、货车限行、违法变线等20多种违法场景，这一"智能违章监管"目前已覆盖80%的违法行为。

平安还通过为车主提供车联网设备，记录车辆行驶信息及驾驶行为，发布前方道路信息，对驾驶员实时预警。安装有摄像头及传感器的前灯能有效降低汽车碰撞事故率，驾驶室摄像头能对疲劳驾驶、注意力分散、拨打电话等危险行为做出反应，提醒驾驶员注意安全。

陈心颖说，新加坡的交警部门已经到深圳交警部门学习智慧交通。"马总（平安创始人马明哲）说，世界上都说'中国制造'，这还不够，要'中国创造'（Created in China）才行。平安的好技术就应该输出，给大家用。"

我在采访中国平安企划部总经理付欣时,她说平安的这些成果,其实都是源于底层技术的布局。在平安看来,技术从大类上可分为硬件和软件,还可以分为基础科技和应用科技。平安主要是在软件方面布局,其中涉及基础科技的包括人工智能、区块链、云计算、生物医疗、智能认知、商业智能等,涉及应用科技的则包括金融科技、医疗科技、智慧城市等。

目前平安的科技人员有9.9万人,研发人员有2.9万人,顶尖科学家有1000多人。平安在面纹、声纹、微表情等国际比赛中多次获得世界第一。平安旗下金融壹账通的GammaLab的微表情识别,2018年在国际权威评测OMG微表情竞赛中,在情绪强烈程度(Arousal)和正负倾向(Valence)两方面均位列榜首。借助该技术,平安可以通过远程视频实时抓取客户微小的表情变化,智能识别贷款欺诈风险,提升风控水平。目前,该系统已实现十万量级54种微情绪视频资料库的覆盖,以30万真实贷款面审案例为基础,欺诈识别准确率达到80%以上。

从创新1.0到创新2.0

每当我去调研各行各业的中国优秀公司,我总是觉得,它们已经走得很远。它们的全球同行正在研究和借鉴它们的做法。一个企业家告诉我,他们最大的竞争对手是一家美国公司,那家公司的高管在国际展会上碰到他,经常问"你何时退休啊",他的回答是:"你们何时退出啊?"

中国故事是实实在在的。在全世界领先的中国故事也层出不穷。

平安科技创新的几个小小侧面,让我想到了中国故事的一种版本。

立足于巨大和巨变的市场

以车险为例,其背后的图景是:2018年中国机动车保有量达3.27亿辆，其中汽车2.4亿辆，小型载客汽车突破2亿辆，机动车驾驶人突破4亿人，其中汽车驾驶人达3.69亿人。有这样巨大的规模，使得科技研发上的投入非常值得，一旦有突破，成本就可以大大摊薄。同时，从抽样的角度看，有这样的用户规模，很容易形成分析模型，进而通过大面积的使用，极大地降低成本（如微表情技术带动了线上审核，省却了线下建设网点的高昂费用）。而用户需求和产品服务之间的快速反馈、修正与迭代，伴随技术进步和代际差异，更是日新月异。

"挑战—回应"是一个基本的分析框架。巨大和巨变的市场是挑战，对挑战进行创造性的回应，这是中国公司竞争力的重要来源。

走向以创新为中心的竞争

既然中国的市场规模有利于研发投入者获得丰厚回报，那么为什么过去中国公司对研发并不重视？一是容易挣的钱很多，无须研发；二是知识产权保护不够，不愿研发宁愿拷贝。但中国市场还有另一些特点：比如供过于求、过度竞争等，但是一味地同质化并没有出路，终究还是要依靠创新、品牌和差异化；又比如，残酷的竞争提升了消费者体验，消费者要求越来越高，倒逼企业想方设法"微创新"；再比如，中国的市场规模和增速，使得简单移植跨国公司的产品出现了不配称，如阿里巴巴之所以"去IOE"（IBM、Oracle、EMC），就是因为按照IOE的架构，无法满足数据库扩展和阵发式营销推广（如"双十一"）的需要；而华为之所以高度重视研发，是因为它一开始就要和世界高水平选手较量，产品事关通信质量，必须高质量、高稳定，没有真功夫是不行的。

中国各行各业的创新正在进入加速期，也将有越来越多的中国创新走向世界。

走向更加底层和基础的知识与技术创新

先立乎其大者，则其小者不能夺也。为了满足巨大、巨变的消费者需求，为了在市场竞争中胜出，中国公司必须创新，一开始是应用创新，但走着走着，就必须进入更加底层、更加基础的创新。用华为公司董事、战略研究院院长徐文伟的话说，过去的创新是通过已有理论做技术、工程和解决方案方面的创新，是"创新1.0"，而未来则是要关注5~10年甚至更久远的发展，关注从0到1跨越式而非延续性的发展，关注基础理论的突破和前沿科学技术的发明，这是"创新2.0"。

华为战略研究院要思考的问题是，支撑通信信息产业50年发展的技术理论已经达到了极限，下一步该怎么发展？"摩尔定律已经到10纳米，下面是5纳米，5纳米下面就不太清楚了。因为10纳米时，已经没有多少原子可以去'切割'。现在的原理是从大到小，那反过来的逻辑应该是从小到大（微观到宏观），最小的颗粒原子是不是可以被几个更小的粒子组合起来，即原子制造，这样通过原子搬运来突破摩尔定律的限制，或许摩尔定律可以再增长100倍。"

迄今为止，中国公司的确没有为全球商业文明贡献出重大的底层创新，从而产生世界意义的正外部性。但我相信，这个创新时代正在开启。

自己才是自己命运的定制者

由于改革开放后中国现代化的起点是向西方特别是欧美学习，导致中国公司的发展体现出三大特性，按照次序，依次是依赖性、开放性、自主性。所谓依赖性，就是引进为主，模仿为主，拜师学艺，边学边干。

什么是好公司？什么是样板公司？在很长时间内，我们心目中的尺子基本都是欧美日的公司。中国公司的最佳命运似乎已经被定制好了，就是成为欧美日那些优秀跨国公司在中国的一个模板。

但事实上,以PATH为代表的这些中国公司,观其曲折演化的路径,并不是某个国外公司的"拷贝版"。它们的成功具有内生性,只是从理论上没有被很好地总结。

我并不认为PATH没有缺点和不足,我也常为中国互联网行业诸如"二选一"的内斗、打压新势力的霸道,以及缺乏FAMGA那样的全球观而悲哀。我还看到了由于底层结构和制度结构的缺陷,中国公司不断重演一开始跑得很快,最后却自己跌倒的悲剧。尽管如此,我还是能够从PATH身上,看到中国商业演进的内在动力的一面——

中国商业发展的真正动力在于改革开放激发了人的成长、人的需求、人的学习、人的交互、人的思考、人的绽放,这些力量构成了最大也最重要的资源,它内生于中国大地之上。无数人对美好生活和自由全面发展的向往,定制了中国向何处去,中国公司向何处去,中国企业家向何处去。这种"反向定制",势不可挡。

这些力量要求也推动着中国公司的进步,从应用的创新到组织架构的创新、科技的创新,最终是知识的创新,谁能更加自觉地顺应历史进步的大潮流,以人类福祉为念,科技向善,矢志创新,谁就能走到时代前列,而成为常青树。

在新的历史起点上,中国公司的发展三要素,按照次序,将会变为自主性、开放性、依赖性。因为即使你还想依赖,别人也会把椅子抽走。但开放的心胸、视野和诚信的对外合作,这些永远都不能少。一旦闭门造车,我们的世界就会变得越来越窄,信息就会变得越来越单调,那么中国的总需求就会开始下降,对供给端的倒逼作用就会慢慢消失,进入一个不求上进的恶性循环。

只要中国有世界最大的需求、最有活力的需求、最多样化的需求，有最激烈的竞争，还有自强不息、以知识为本的奋斗精神，中国公司就一定会走出一条属于自己的PATH（道路），它们的经验和模式也会像今天的FAMGA一样，泽被更远的地方的人民。

世界经济和商业发展的范式正在发生深刻转换。希望中国的PATH能更加自觉地把握新时代的机遇，创造出无愧于自己、无愧于中国、无愧于世界的传奇。

无锚之境,需要一颗勇敢而平静的心

40年前后

1979年1月29日上午10点,美国总统卡特在白宫南草坪为邓小平访美举行正式欢迎仪式。检阅仪仗队后,卡特致辞说:"副总理先生,昨天是旧历新年,是你们春节的开始,是忘记家庭争吵的时刻,是人们走亲访友的时刻,也是团聚和和解的时刻。对于我们两国来说,今天同样是团聚和开始新的历程的时刻,是久已关闭的窗户重新打开的时刻……"

在与卡特的会谈中,邓小平说:"我们愿意和美国发展政治、经济、文化、贸易关系。""我们不害怕你们的思想意识,你们也不必害怕我们的。"中美双方签署了科技合作协定、文化协定以及建立领事关系和互设总领事馆的协议等。

世界是可以改变的,国与国的关系和人的想法是可以改变的。这需要自信,以及战略上的互信。从1979年到2019年,中美建交40年来,货物贸易额从25亿美元增长到6335亿美元,服务贸易额从几乎为零增长到超过1250亿美元,双向直接投资额累计为近1600亿美元。这些数字背后，是两国经贸合作关系的不断深化，你中有我，我中有你，互相受益。尽管双方也有矛盾和冲突，但基本的战略互信始终存在，双方也都相信，通过对话和调整，彼此都能变得更好。

但在最近几年特别是2018年起，由于特朗普的改弦更张，中美经贸关系正在经历严峻挑战，而且还在向更广领域扩散。40年前那种团聚与和解、打开窗户开始新历程的感觉，仿佛越来越远。无论是2017年12月特朗普上任后发布的第一份《国家安全战略报告》，还是美国国防部2018年1月发布的《2018美国国防战略报告》，中国都被视为美国的战略竞争对手。虽然特朗普也表示将会试图与中国建立很好的伙伴关系，但"始终以维护国家利益为目标"。《2018美国国防战略报告》称，"国家间战略竞争，而非恐怖主义，现在是美国安全的首要关切"，《国家安全战略报告》称，"美国战略第一次意味着经济安全是国家安全"。

把经贸和国家安全相联系，这是特朗普政府的一个鲜明特点。美国商务部就以有违美国国家安全利益和外交利益为由把华为及其68家关联企业列入出口管制"实体清单"。如果继续以国家安全的名义，则科学、技术、文化、教育等方方面面的正常交流都可能被冲击。更有甚者，特朗普政府有人把中美竞争定性为"文明冲突"，也并未得到任何纠正。

这是一阵风，一时的回头浪，一个大逆转，还是拉锯时代的开始？我们需要从一个更大的视野进行观察。

全球之锚

第二次世界大战后，以美国为主导形成了一种国际秩序，它以《联合国宪章》等文件作为国际法的基石，以联合国集体安全机制内的大国合作、大国一致作为保证,以自由主义、多边国际主义作为理念。这个秩序的经济表现,则是由国际货币基金组织、世界银行、关税及贸易总协定等组成的布雷顿森林体系。这个大的框架延续了半个多世纪,并在冷战时期和苏联一方的竞争中不战而胜。

特朗普上台后,美国在国际上频频出现"退群"现象,体现了美国的新意志:放弃传统的国际多边主义,转而支持以国家为中心的碎片化多边主义;通过战略退出,减少对秩序成本的承担,转而增强美国自身的实力;促使各国寻求重新谈判,由美国来重新定义彼此的责任、义务和角色。

由于美国日益放弃WTO、联合国等国际社会主要战略力量之间已经形成的相互作用的运行机制,放弃构成战后国际秩序的最有效的多边机制,全球秩序的"锚"正在松动。

以经贸关系来说,美国不仅挑起了影响最为重大的中美贸易摩擦,还先后挑起与墨西哥、加拿大、日本、印度等国和欧盟的贸易冲突。美国在2019年4月威胁对包括110亿美元的欧盟出口商品加征关税,以报复欧盟的飞机补贴;5月下旬宣布对墨西哥出口商品加征5%关税;6月5日终止对印度的普惠制待遇。据不完全统计,全球已有36个国家受到美国的贸易威胁、通牒或制裁。

由于全球治理赶不上全球化的步伐,全球多边机构和机制事实上存在不少改进空间,需要在新形势下改革,一些区域化的合作模式(如跨太平洋合作伙伴关系协定)也在探索之中,但美国对这些显然已经没有信心和耐心,而是直接采取单方面行动,以求迅速见效,直接获利。

美国在很大程度上抛弃由其所建立的世界之"锚",当然也不是瞎胡闹,而是有其逻辑。最为关键的,是美国认为自己是全球化的受害者。1983—2013年，1/3美国人的实际财富均值在下降，中部地区46%的人群的实际财富均值仅增加了2200美元；桥水基金创始人达里奥说40%的美国家庭处于"月光族"状态，后60%人群中只有1/3的家庭有退休金账户，而有退休金账户的后60%人群，其养老金账户平均不到2万美元。在所谓"锈蚀地区"，更是充满了失业、酗酒、吸毒、离异和大量非婚生子女。人人可以实现的"美国梦"，对不少中低收入者而言成了一场空。

如何解释这种现象？众说纷纭。索罗斯有过一个解释，这是金融市场的全球化所致。在全球化条件下，资本会流到能获得更高回报的地方，"需要社会保障的人们不能离开国家，而作为福利国家过去征税对象的资本却是能离开的"。其结果是，资本的回报越来越高，但中下层劳动者的境遇越来越不利。

如同英国《金融时报》评论员马丁·沃尔夫所言，如此多的美国人处于贫困状态，在一定程度上是财阀政治的产物，而财阀政治是指持续和系统性地专注于富人的利益。

我们现在还很难得出一个结论，特朗普的"退群"究竟是不是一种深思熟虑的、旨在瓦解今天的国际关系体系的行动。如果是这样，在短期美国能够获得利益，如同我们近年看到的美国经济和股市的表现一样，但长期来看，很可能得不偿失。

这里的关键在于，尽管美国承担了维持战后国际秩序的成本，但各国也善意地给予了美国消化这种成本的工具，即美元作为国际硬通货的地位。美国可以低成本向国际社会发债融资，从而获得充足的流动性，在巨额经常账户逆差的背景下依然不用进行结构性调整，而用创造信用的办法包医百病。

"推特治国"的特朗普也许能够用国家主义、民族主义和保护主义的旗号提升他的支持率，但其充满随意性的朝令夕改已经让美国的国际信用和软实力大大流失，而且看起来还将继续流失。更长时间来看，这将动摇美元畅通无阻的"铸币税效应"。所以，特朗普颠覆的不只是以规则为基础的多边秩序，更是这个秩序曾经的奠基人——美国自己。治国抑或误国，时间终会给出答案。

中美之锚

经贸关系是中美关系的压舱石，是过去40年的"锚"。现在，这个锚也在松动。

40年来，中国经济总量从占美国经济的6.5%到差不多占65%，对全球经济增长的贡献率已经超过美国，确实很难再将自己简单定义为发展中国家，至少已经是一个对全球有系统重要性影响的发展中国家。就此而言，通过贸易谈判解决包括美国对中国经常账户逆差过大等问题（尽管在本质上这不是中国造成的，如果不是中国，也会有别的经济体获得），是应该的和理智的。

在中美谈判开始的时候，不少人觉得，中国更关注谈生意（如增加进口），美国更关注"生意的生意"（如知识产权、技术转让、国家补贴等等）。在很长时间里，中国的有识之士也认为，这一谈判对推动中国市场经济体制的法治化和进一步深化，具有积极作用。直到今天，这种立场也是对中国长期发展负责任的态度。

但是谈到最后，中国发现，在"生意的生意"之上，其实还有一个"怎么决定'生意的生意'"的问题，就是说，怎么做生意？这个规则本身怎么定。

从我们现在能够掌握的信息来看，特朗普的态度是，这个规则美国说了算。中国要停止和去除ABCDE等事项,保证在某某事项上不向WTO发起申诉;中国应认可美国可能征收额外关税,且不会在WTO发起贸易争端申诉。这是一个主权国家无法接受的最后通牒式的羞辱。

在我看到的国际媒体发表的评论中,印象特别深刻的有两篇,摘录如下:

> 6月2日,中国发布了令人震撼的《关于中美经贸磋商的中方立场》白皮书,证明了这一点[1]。尽管我感情上不愿承认,但事实是,从许多方面来说中方立场都是正确的。美国抓住中美双边贸易失衡大做文章,这在经济学角度看来属于文盲行为。美方认为中国盗窃知识产权给美国造成巨大破坏,这个观点也很成问题。美国还指责中国严重违反2001年加入世贸组织时的承诺,这种提法同样属于言过其实。……美国对中国发起的攻击是一场在错误的战场上发起、以错误的方式进行的错误的战争。唉,这便是我们现在所处的位置。
>
> ——英国《金融时报》副主编及首席经济评论员马丁·沃尔夫

> 谈判又谈了一年,在大家以为谈判即将成功之际,特朗普又一次破坏了谈判,他发推特说,即便协议可以确保中国的"良好行为",他也将保留对中国的关税。美国人总是习惯于认为背信弃义的是对方,很少有专家意识到这有多关键。如果

---

[1] 指这位美国总统的目标是确保美国的主宰地位,实现该目标的手段是掌控中国或与中国脱钩。

中国人不能确保特朗普加征的关税会被取消，并且未来不会随意再次加征，他们怎么会同意达成协议？……对中国来说，问题是特朗普和之前所有的美国总统都不同。他不认可法律或以规则为基础的体系。他只希望可以不受限制地行使行政权。他并不想要新的规则，他只想要具体结果。这令协议丧失了基础。……"我说了算"，这或许能令大男子主义者情绪上得到满足，但这与谈判不兼容，与维持植根于和平与繁荣的共同利益的以规则为基础的国际秩序不兼容。

——纽约大学客座教授詹姆斯·诺尔特

我并不认为中美谈判不存在峰回路转的可能，全球化是大势所趋，中美之间的经济依存度远远超过特朗普一开始的想象，同时特朗普本人也是一个game-changer（改变规则的人），有灵活性的一面，比如2019年6月8日他又在推特上宣布与墨西哥达成协议，暂停对墨西哥的关税协议。不过我相信，对中国来说，生意可以谈，生意的生意也可以谈，但怎么做生意的规则只能你说了算，这一点没办法谈。只要这一点双方有共识，那就好谈。

中国之锚

美国对中国的定位，从克林顿时期的"战略合作伙伴"到小布什时期的"负责任的利益攸关方"，到奥巴马时期的"相互尊重、互利共赢的合作伙伴关系"，再到特朗普时期的"战略竞争对手"，已经有了深刻的变化。当然，和冷战时期的苏联还是有不少根本的区别。冷战时美苏关系的主要方面是斗争，过去40年中美关系的主要方面还是合作。

而从中国自身深化改革、优化结构、实现高质量发展的角度来看，这一两年的压力不是减轻了，而是增大了。营商环境有了一定改善，但在资源配置的市场化、法治化和增长方式的集约化、高效化方面，还没有大的突破。生于忧患，死于安乐，今天我们需要更强的忧患意识。

那么我们的信心究竟在哪里？

我去了华为调研。我看到的是，华为有可能在某些方面进行战略退却，在有些区域业务受到影响，但华为依然斗志昂扬，并把外在的打击看作增强内部凝聚力的机遇。任正非说，美国说华为偷技术，我们的技术你们都没有，我到哪里去偷？到明天去偷？他告诉我们，红军第一方面军到陕北的时候，只剩下9000人，但14年后就领导了全中国，"在我们所在的领域，华为领导世界，不需要14年"。同时，任正非依然是一个开放主义者，不主张和美国对抗，他说如果美国把自己封闭起来，美国也会落后。

我和一些大型资产管理公司（如全球市值最大的另类资产管理公司Brookfield）的中国负责人做了交流，我听到的是，他们未来资产配置的最重要的方向之一，就是增加在中国的比重。中国贡献了世界经济增长的接近三分之一，但目前对中国资产配置的比例还非常低。这是一个大趋势，而且是已经发生的事实。

我和在美国投资建厂的中国企业的领导人做了交流。他们告诉我的是，从劳动生产率、工作效率、勤奋度等来看，中国制造有着明显优势。他们给了我很多生动案例，但都会说：千万不要写，现在不是时候。

我从看到、听到的实例中，真实地感受到，每天拼搏敬业、追求进步的中国人的集体行动力，就是中国不惧任何挑战的牢固的锚。

心态之锚

尽管中国是不惧挑战的,但我们仍需保持冷静。我们的心态不能失去稳定的锚。

首先,我们自己还有很多攻坚克难的任务,我们和美国、德国、日本等发达经济体在"质"的方面的差距还很大。举个例子,我在华为、vivo的生产线上都看到,从最重要的生产设备贴片机到贴主机板的胶水,都完全依赖国外。很多核心部件、系统、耗材、工具以及工艺,我们也存在巨大差距。我们要尽可能继续保持全球供应链的稳定性,这对于一个制造大国来说尤其重要。开放永远不能动摇。

其次,中美是全球经济的两大经济体,关乎两国利益也关乎世界经济的未来,互利共赢应是共同努力的方向,不应偏离。在两国关系遇到挑战的时候,既要辨道理,也要促理解,尽最大努力消除信息不对称。特朗普并不代表美国的一切。即使他本人,作为一个现实主义者也在不断变化中,其有些行为也受政党政治、白宫与国会关系等的影响。接触胜于隔空而峙,我们也要能感知善意的存在。例如,华为被美国商务部放进管制名单,注册于纽约的电气和电子工程师协会(IEEE)透露,按新规定要限制华为员工参与论文审稿,遭到中国和包括美国在内的很多会员反弹后,IEEE管理层与美国政府沟通,取消了对华为员工的限制。这就是科技界的善意。有更多交流就会有更多理解,这一点是千真万确的道理。

哈佛大学教授约瑟夫·奈说,特朗普是火上浇油,但美国对于中国的情绪的火苗在他上任时就已经存在了。两国关系不应当被视为新冷战,会有对抗的因素,但也存在合作领域,"我们必须明白双边关系将是复杂的，如果看不到这种关系的合作面，我们会变得更糟。……我认为当人们意识到我们必须做些什么的时候，他们就会明白除非美中合作，否则无法成事，因为这两个国家是最大的温室气体排放国。最重要的是教育公众认清现实，那就是，有些领域我们有对抗和竞争，而有些领域如果不合作我们都无法遂愿"。在哈佛任教的土耳其经济学家罗德里克提出，中美可以探索新的"和平共处"，双方都要接受对方根据自己的情况发展的权利，美国不可按照资本主义市场经济的印象试图改变中国经济，中国必须承认美国对就业和技术泄露的担忧，接受因为这些担忧而偶尔受限无法进入美国市场的事实。

最后，深度推进自身的改革与开放。不仅在货物与服务市场方面扩大开放和准入，还要在和体制机制相关的方面与国际接轨。在开放环境下尊重国际规则，必然要改变有可能扭曲贸易的某些国内政策。我们要向着让市场在资源配置中起决定性作用的方向迈出更大的步伐，避免给国际社会留下补贴、倾销等不良印象。

尽管中美之间的贸易摩擦现在仍处于僵局，但我相信不会无解，也许不久就会有突破。

而对中国人来说，在贸易摩擦过程中，尽管经济增速和人心稳定都受到了影响，但我们已经有了一个千金难买的收获，那就是更深刻地意识到，一个民族，终究要把命运握在自己手里。

这不是说我们要不切实际地夸耀自己如何厉害，也不是要急于求成地扮演何种角色，而是说，没有谁会比我们更在乎自己的发展，更尊重自己的历史，更祈盼光荣的未来，更加激发奋斗与创新的力量。这场洗礼可能正在开辟一种新的历史场景下的新机遇。让我们共同见证，并一起去塑造我们民族在新时代的勇气、理性、韧性，以及生生不息的活力。

中国商业文明的新维度

破局：他们3年干了30多年的事

敢于啃硬骨头，敢于涉险滩，以更大决心冲破思想观念的束缚、突破利益固化的藩篱。

这是2013年发布的《中共中央关于全面深化改革若干重大问题的决定》中的要求。

但要做到真改革，尤其是在结构性改革方面，知易行难。经过40年增长，中国经济已有巨大存量，通过存量变革释放活力，这是充满想象力的新空间。但如果不改，某些存量就会变成包袱，并慢慢吞噬掉新生的增量。

在我们的国家，总有一些人被深切的责任所驱使，他们内心住着一个终极"顾客"，就是普通百姓的切身利益。这是他们的行为尺度。他们的变革勇气因此而生，不忍看着明明可以改进的问题一拖就是几年乃至几十年。

在采访一些VC、PE机构时，他们不约而同地说，2015年到2018年，在中国的药品监管领域，发生了一场深刻的存量革命。具体包括：加快药品审批，加入ICH（人用药品注册技术要求国际协调会议）和药品研发国际规范接轨；推行仿制药一致性评价，改善药品质量；开展药物临床试验数据自查核查；试点上市许可持有人制度（MAH）；等等。

通过这场存量革命，大量"安全无效药"正陆续退出市场，不能再占用宝贵的医保资源；一些只知营销不知研发的中国药企终于把质量放在了优先位置，传统药企也开始整合；创新药成为值得追求的方向，大批海外科学家回到中国，和风险资本以及产业资本相结合，研发或引进世界领先的新药。

受采访的机构表示："有部电影叫《我不是药神》，其实他们（监管者）才是真正的药神，食药监局疾风骤雨、真刀真枪改革，把医药监管推上了科学化、现代化、国际化的正轨。他们3年多干的事，比过去30多年还多。"

"他们触犯了很多药企的利益，但也第一次赢得了企业内心的尊敬。"

我很少，甚至是第一次听行业中人对监管者给予如此的好评。这一定有些什么原因和规律。

今天的情况

医药领域是全球创新前沿。欧美研发一款新药平均需要10到15年，21世纪头10年开发一款新药平均需要花费13.95亿美元，加上资金成本要20多亿美元（Tufts Center 2014年统计数据）。尽管新药上市前长期亏损，但一旦上市成功则回报惊人。1994年1月到2019年3月，纳斯达克生物技术指数成长了16倍左右，是纳斯达克指数涨幅的2倍左右。

我原来一直觉得，中国离医药创新很遥远。但事实上，情况已经在改变。

2018年，国内医疗健康领域融资总额达825亿元，融资事件695起，融资事件数已超过美国居全球第一。

作为中国创新经济的新标志，截至2019年4月，科创板已受理了93家公司的申请。医疗健康领域蔚为大观，共有20家左右。

其中医药制造类公司包括：微芯生物、博瑞生物、硕世生物、浩欧博生物、热景生物、昊海生物、华熙生物、苑东生物、深圳普门医疗、申联生物医药、特宝生物、科前生物。

专用设备制造类公司包括：启明医疗、佰仁医疗、微创心脉医疗、微创医学科技、海尔生物、赛诺医疗、贝斯达医疗。

还有两家研究和试验发展类公司：美迪西、诺康达医药。

在香港，自2018年4月港交所发布新规，允许尚未盈利的生物科技企业上市后，已有7家内地生物医药企业在港上市，即歌礼制药、百济神州、华领医药、信达生物、君实生物、基石药业、康希诺生物。香港已成为全球第三大生物科技公司上市地。

这些药企很多是做原创新药的。如微芯生物致力于小分子原创新药，已上市品种西达本胺是全球首个获批适应证为外周T细胞淋巴瘤的口服制剂。康希诺研发生产的埃博拉疫苗，是全球目前仅有的两种埃博拉病毒疫苗之一。

很多药企的领军人物都是国际水平的专家。信达制药CEO俞德超是38项美国专利的发明人，是世界第一个上市的抗肿瘤病毒类药物"安柯瑞"的发明者，曾任美国Calydon生物制药公司主管新药研发的副总裁。基石药业创始人江宁军在美国拥有近30年从业经验，曾任赛诺菲全球副总裁，在赛诺菲领导了80多项亚太地区临床研究，其中30多项获得多国上市批准。

大部分创新药企都得到了VC、PE支持，且力度很大。基石药业赴港上市前，A轮融资1.5亿美元，2018年B轮融资2.62亿美元。有的刚成立的公司也能募到巨资，如腾盛博药（Brii Biosciences）2018年在美国特拉华州注册，一成立就完成了由ARCH Venture Partners、通和毓承、红杉、博裕、云峰基金等领投的2.6亿美元融资。腾盛博药已从Vir Biotechnology公司获得四种针对传染病的创新药在大中华区的独家权益。其CEO洪志，创业前是葛兰素史克（GSK）全球传染病新药研发高级副总裁。

从人才、资本到上市通道，中国的医药创新摆开了架势，真正起步了。创新正成为中国医药行业发展的主旋律。

而在几年前，这是难以想象的事。

2015年之前的情况

2013年，《中国药品监管体制改革研究报告》完成。时任国务院研究室综合经济司司长的范必是课题组组长。报告的主要结论是：

人民群众普遍希望用上好药、新药、放心药，但我国的药品供给总体质量不高，不能满足群众用药需求。4867家药品生产企业"多、小、散、乱"，75%的企业年销售额不足5000万元。多数企业热衷营销、公关，质量管理水平普遍较低，部分药品疗效不明，低质药品占用大量医保资源，存在"劣药驱逐良药"的现象。

国外发明的新药一般要10年以上才能进入我国，我国临床使用的化学药大都是国外过了专利保护期（平均7年）的仿制药，其审批过程也很漫长。这导致国人既用不上创新的专利药，也不能及时用上质优价廉的仿制药。

世界绝大部分国家将科学标准作为评判药品安全性、有效性的唯一标准，我国原则上也坚持这一标准，但实际上有很多因素干扰药品标准制定、审评审批和执法监督。20世纪90年代把关不严，大量药品没有做过临床试验，但在2003年由"地方标准"转为"国家标准"时依然通过了审批；为照顾民族感情，对民族药实行宽松政策；对一些不达标、不合格的药企从轻处罚。这使市场上有大量"合格的无效药"。文号最多的药品品种，文号达800个以上，几乎等于谁都可以生产，谁生产都批准。我国有药品批准文号18.7万个，其中16.8万个是2007年以前审批的，其中大部分是没有生产的沉睡文号。未经科学验证，安全性、有效性不明，质量可控性较差的药品在市场上流通，会给公众健康带来重大安全风险。

与原研药相比，仿制药价格低廉，但生产仿制药应该与原研药具有相同治疗作用和生物等效性。我国是全球最大仿制药市场，已批准的7000种、12.1万个化学药品中，绝大多数是仿制药。但我国药品审批仅进行"质量标准"的控制，未进行生物等效性验证。也就是说，大部分仿制药仅是化学成分相同，临床有效性是否等同不能保证。

在创新药方面，我国药物创新能力严重不足。过去15年全球上市新药540个，我国完全拥有自主知识产权的创新药只有5个。年销售额超过10亿美元的药品，全球有100多个，我国自主研发的药物中，年销售额最高的接近2亿美元，全国百强药品生产企业的销售额和美国辉瑞一家企业相当[1]。造成中国药品供给约束的其他原因还有：药品分类审评制度不完

---

[1] 2016年10月发布的《构建可持续发展的中国医药创新系统》指出，以上市前研发和新药上市数来衡量，中国目前处于第三梯队，对全球创新的贡献大约为4%，与第一梯队的美国（大约50%）和第二梯队的国家（如英国、德国、日本等）仍有很大差距。

善、临床急需、确有创新的药品难以得到及时评审；药品生产许可与上市许可的绑定尚未完全解除；药品监管队伍力量不足、素质不齐；监管体制与国际不接轨；等等。

……

以上情况基本来自2013年的报告，到今天肯定已有不少改变。但我们大体上可以看出，当时中国的药品市场和药品监管，绝不是良性、专业、严格负责、和国际接轨的，同时潜伏着很大隐患。

为什么改不了？怎样去改？

既然大家看得到问题，为什么改不了？

一位多年从事医药领域报道的记者说，这有历史原因和当时条件的限制。"比如仿制药，过去缺医少药的时候，药企从国外买来药品说明书来生产，没有能力做临床试验。即使在有能力的时候，药企也不愿投入做研发。后来药监局推行仿制药一致性评价，难度极大，药企都不愿意拿钱出来做生物等效性试验，于是国家财政再拿钱出来补贴它们，这场运动才得以展开。每个品种补贴能达到100万到500万元。"

一位曾在药厂工作多年的医药投资人说，有地方政府"唯GDP是从"的原因，也有药厂既得利益的原因。

此外还有监管方面的原因。药监部门手握审批重权，尤其是医疗器械监管司、药品审评中心，在药企口中被称为"天下第一司"。不少位高权重的监管者，心思全然不在改革，而在私利，曾任国家药监局局长的郑筱萸就是典型案例。

国务院2012年就印发了《国家药品安全"十二五"规划》，提出对2007年修订的《药品注册管理办法》实施前批准的仿制药，分期分批与被仿制药进行质量一致性评价，到2015年之前完成对570种纳入国家基本药物目录和临床常用化学药的一致性评价工作。但几年过去了，工作几乎原地不动。

2015年4月，食药监局药品审评中心副主任尹红章被调查。5月，医疗器械监管司司长童敏被调查。这两起典型案件是药政改革的转折点，信号很清楚，不改革还要舒舒服服要权力，这样的时代结束了。

对于要改革的中国药监的现实，当时的食药监总局局长在一次讲话中提了四点看法：

一是药品可及性基本解决，但质量疗效上有差距。

二是药品研发、生产、经销生态出了问题。研发中数据不真实、不完整的现象，生产加工过程中擅自更改工艺、掺杂使假、偷工减料的现象，数据不完整、不真实、不可靠、不可溯源的现象，经销过程中夸大宣传、无科学依据地乱吹牛的现象，屡见不鲜，屡禁不止。

三是审评和监管力量薄弱。

四是申请积压，效率低下，这是前三个问题交织的必然结果。

把问题找到了，怎么改呢？

改革总体目标就是与国际接轨。本次药品监管制度改革提出的创新药要"新"，改良药要"优"，仿制药要"同"，就是要使制药产业走向创新发展。过去批准上市的药品没有与原研药一致性评价的强制性要求，现在开展仿制药一致性评价的目的，就是使仿制药在质量和疗效上与原研药一致，在临床上可以相互替代，改变现在原研药在有的大医院药品销售占比达到80%的局面，这有利于降低医药总费用支出，有利于淘汰落后产能，提高国产仿制药竞争力。

"规定期限通不过评价的要退市，长期不生产的、自行改变工艺的、没有履行上市后研究和药物警戒责任的、安全性有效性质量稳定性存在问题的，要清理、纠正，性质严重的要退市。""文号多少没有意义，质量疗效与原研药一致的品种才有市场价值。"这些话，是监管者坚定从严落实监管制度的最好表态。

药品审评审批制度的改革，消除了药品注册申请积压问题，让一批新药优先获准上市，开展仿制药质量和疗效一致性评价，提高药物临床研究质量，提高审评审批透明度，开展了药品上市许可持有人制度试点。这一系列改革后，改变真的发生了。

历史不会忘记

让我们再回溯一下从2015年以来的若干药政改革。

重构药品技术审评体系，使药品监管科学性前进一大步。审评审批透明度提高了，药品审评中心人手增加了，药品审评积压沉重的"堰塞湖"基本消失。

建立优先审评制度，临床试验审批制度改为默示许可制，有条件地接受境外临床试验数据直接国内申报。这些方法，加快了对市场急需药品的审批，一批"全球新"药物[1]获准进入临床，一批创新药物和临床急需药物获准上市。

提高药品审批标准，重新定义新药。将药品分为新药和仿制药，将

---

[1] "全球新"药物是"未在中国境内外上市销售的创新药"的简称。

新药定义由过去的"未曾在中国境内上市销售的药品"调整为"未在中国境内外上市销售的药品",鼓励和支持真正的创新药或原始创新,同时挤压中国那些明明是仿制药,却因未曾在境内上市而坐享的"新药"暴利空间。

开展药物临床试验数据的自查核查。掀起查处药物临床试验数据造假的"7·22核查风暴"(2015年),药品生产质量管理规范(GMP)飞行检查引入"双随机"机制,即随机抽取被检查对象、随机选派检查人员;对临床试验数据造假行为发布"三年禁令",即三年内不受理其申报该品种的药品注册申请,一年内不受理其所有药品注册申请,已经受理的不予批准。

推动仿制药一致性评价。密集发布了有关技术指导原则和政策规划文件,明确《国家基本药物目录(2012年版)》中2007年10月1日前批准上市的化学药品仿制药口服固体制剂,应在2018年年底前完成一致性评价,迫使大量质量低、雷同度高、剂量混乱的仿制药不得不退出市场。到2019年4月25日,通过一致性评价的品种已达239个。

在全国十省市试点药品上市许可持有人制度。之前,对国产药品仅允许药品生产企业在取得药品批准文号,并在经过GMP认证后,方可进行生产。而药品研发机构和科研人员无法取得药品批准文号,因此他们只能将相关药品技术以一定价格转让给药品生产企业,俗称"卖青苗"。这大大影响研发投入的积极性。采取MAH后,药品研发机构和科研人员申请注册新药后,再转让给企业生产时,只进行生产企业现场工艺核查和产品检验,不再重复进行药品技术审评。截至2017年5月31日,根据试点方案申报受理的注册申请就有381例,其中以研发机构为主体的申报案例有142例,占37%,还有一例以科研人员为主体的申报案例。

和国际药监体系接轨，成为ICH会员国。加入ICH后，发布了近20项技术指导原则，促进实现药品在国内外同步研发。

……

历史不会忘记药政改革的成绩，不会忘记改革者们只争朝夕的付出。审评审批官员、专家的辛苦不亚于"996"，当时食药监总局司长们24小时手机开机待命，深夜会有电话会，周末是无休止的加班。有医药领域的投资人说："过去伸着脖子等政策，政策就是不来，现在政策多到投资团队分析不过来。"

道彤投资是一家专注于医疗健康投资的著名机构。其创始管理合伙人孙琦和合伙人邹国文这样向我概括药政改革的成果：

> 中国应该从仿制药大国变成仿制药强国再到创新药大国，这是谁都知道的道理。但过去没有动力也没有压力。企业内部管理都不扎实，假药、劣药充斥市场，精力都在公关、回扣上。通过改革，把不合格的企业和产品慢慢清理掉，这也为今天的"4+7"药品带量采购提供了坚实基础，因为同质同价，一样的质量，凭什么你要卖那么高的价格？高价自然就打下来了，回扣空间也消除了，医保资金能够更高效地被利用。虽然很多药企说"30年好日子一去不复返"，但他们内心觉得监管者终于干了一些有价值的事情。"4+7"使采购中选品种大幅度降价，当时使药业上市公司股价大跌，但这只是一个阶段性现象，最近股价又慢慢回来了，比如恒瑞医药。这说明，在一个好的制度环境里，长期看是利好那些扎扎实实做好药、做新药的公司的。以前劣币驱逐良币，回扣高、公关强的企业胜出，

现在是质量好、规模大的企业取胜。而患者是最大的受益者。

由于药品上市许可持有人制度的实施，对知识产权的保护，以及资本市场的利好，国外一些药企的科学家、高管就愿意回来创业了，这有效缩短了和国际水平的差距。

中国需要更多的存量革命

今天中国医药市场上主要还是仿制药，但和印度仿制药起步初期完全不顾知识产权不同，中国这一批创新者的起点更高，在尊重知识产权的基础上，不仅可以进行高端仿制、高难度仿制（比如喷剂），还可以进行"快仿"，即在国外药品上市前，公布一期、二期临床数据时就开始仿制。同时，中国真正开始了创新。

创新是需要方方面面支持的，不只是资本市场和人才，关键还是制度。一家药企负责人说："以前我搞研发，申请资料报上去，还没有批准，我的竞争对手已经有了全套资料，动作比我还快。这怎么让人有信心去搞创新呢？"

2015年到2018年的药政改革，让很多创新者建立了新的信心。但改革在路上，还有很多问题待解。

比如，作为药政改革的发动者，药监部门的专业性、功能性极强，它如何本着独立、专业的态度进一步推动自身改革？历史上药监机构变更频繁，每隔三五年就变，改革往往自上而下，某个领导人起着关键作用，如何能够使得改革不因人事变化而制度化、常态化地前进？

又如，在发达国家，医药和医疗器械的市场规模差不多是1∶1。而中国医疗器械的市场远远落后。一方面国内起步较晚，另一方面监管也有待破局。医疗器械审批的"堰塞湖"依旧存在，注册检验周期太长，临床机构积极性不足，科学审评上也有待改善。

过多的法规、指导原则、强制性标准虽然有利于"规范"审评，反过来也束缚了行业发展和改进，导致审评员不得不在科学审评和法规之间做出符合法规和指导原则依据的选择。例如，注册单元划分，同一材料往往可以应用于多个适应证和部位，被迫拆成多个注册单元；我国对临床试验不允许收费补偿，也严重阻碍了一些高值耗材的研发进度。以人工心脏为例，企业的生产成本就要几十万元，如要做到完全符合临床统计学意义，没有一家企业能够承担起相关临床费用。得益于现在的创新医疗器械制度，人工心脏的临床例数被大幅缩小，但相对于发达国家的创新医疗器械特别审批制度，我国还有极大的改进空间，如可以：

适度收取费用，补贴高值耗材的临床研究；

降低临床例数；

强化科学审评，而不是盲目遵循指导原则、法规等；

鼓励通过非临床研究证明产品安全有效性，减少大面积的临床研究；

加强数据库的建设，鼓励社会共享数据，以大幅减少同质化的临床研究；

在顶层设计上，重新梳理法规，减少相互掣肘的文件和条例，有序引导社会资源参与医疗器械的共建共治；

合理平衡安全与创新，促进我国医疗器械的高速发展。

药品和医疗器械关系亿万人的命运，也是世界各国监管最严的商品，还有可能是未来中国被"卡脖子"的关键领域。中国仍然有不足之处，需要继续奋力追赶，这就要以更开放的态度听取市场的声音，而且坚持改革不动摇。

从一个更大的视野看，2015年到2018年的药政改革，只是万里长征的开始，绝不能认为已经大功告成。

他们仿佛是把一个习以为常的行业更新了一遍，按照一个好的标准更新了一遍。尽管还有很多遗憾和不彻底，但他们已经走得很远。他们的身影对于中国的各行各业，都有启示。

中国需要更多的存量革命，啃硬骨头，涉险滩，冲破束缚和藩篱，激发活力。

"天之生人也，与草木无异，若遗留一二有用事业，与草木同生，即不与草木同腐朽。"这就是我们民族历经挫折而不倒、依旧向前的内生力量。总有人不愿在舒适的陈腐中自以为乐，而是让朴素而单纯的理想指引生命。他们是真的为人民创造价值的人，他们置个人荣辱于度外，哪怕自己付出牺牲。

破壁：上下五千年也可以青春无限

为什么要写单霁翔？

我相信，作为一个"未完成现代化的国家"，中国还有巨大成长空间。

这些空间怎么打开？在很大程度上，不能再靠增量扩张，而要靠存量改革，靠优化资源配置方式。这就是破局、破题的意义。

这篇文章的主角是故宫博物院原院长单霁翔，他的故事大家都很熟悉。这位自嘲"是给世界最大的四合院看门的，只是不小心被网红了"的故宫第六任院长，在7年零3个月的在岗期间，让故宫焕发出前所未有的活力。2019年5月8日，在卸任一个月后，他又受聘为故宫学院院长，继续他和故宫的不了情。

为什么要写单霁翔呢？因为在我心目中，他就是一个将存量资源的价值进行了极大化开发、让价值能被社会公众更好地进行分享的人。他真正善待了公共资源。而在我们的社会中，不善待公共资源的情况触目皆是。

我曾去过在一座一线城市的美丽景区旁建的一所气象不凡的学院，

地方政府提供土地，北京某部委下属的7家机构出钱，据说花了20亿元。由于利用率低，宿舍走廊铺的地毯都有一股味道。一个专业性教育培训机构，有什么必要花这么多钱建？算过经济账吗？本质上无非是搞些培训，完全可以利用社会的存量资源（如高校、宾馆、企业），但硬是建成了总建筑面积逾11万平方米的学院。

2019年4月23日举行的国务院第二次廉政工作会议指出，从2019年一季度财政运行情况看，非税收入同比增长了11.8%，是一段时期以来增速偏高的，这其中有合理因素，但也不排除有不规范的行政事业性收费，要进一步改革完善政府采购制度，提高采购透明度，严惩腐败行为。

解决上述问题，人人都知道答案，就是全面深化改革。

这就是我想写单霁翔的原因。他充满主观能动性的作为，对于那些尸位素餐、碌碌无为者来说，是一个警醒和启示——手握社会资源的人，握的不是权力和私利，而是责任和义务。

启示之一：建立开放与平等的新观念

2012年，单霁翔出任故宫博物院院长。他用了5个月，踏破了20多双布鞋，走遍了故宫的9371间房屋，这些就是他可以挖掘的资源。在他的努力下，故宫对外开放出了史无前例的空间，展出了许多未曾示人的文物，极大改善了参观者的体验；故宫的文物修复师成为年轻人追捧的对象；"故宫萌"系列文创形象老少通吃；故宫屡上"热搜"，成为一种独特的文化现象。

单霁翔是从国家文物局局长位置上调到故宫的。由局长到院长，由管全国文物到管"一件文物"，尽管副部级的职级不变，但在一般人看来，权力还是小了很多。单霁翔用实践证明，对于社会来说，一个人有权管多少地方并不重要,一个人在一个地方能创造多少价值才重要。

单霁翔上任前,故宫发生了"失窃案""错字门""会所门""哥窑瓷盘损坏"等"故宫十重门"的事件。他上任一年多后,也发生过展览部一位设计师因工作矛盾将两位部门领导刺死的恶性事件,故宫一直在舆论的风口上。

单霁翔并不回避问题,上任不久就召开媒体通气会,谦称当院长对他是一个挑战。他希望故宫和公众之间的关系变得透明,坚持对媒体开放,也不怕某些报道不够准确。慢慢地,媒体开始主动地关心故宫。

单霁翔认为,文化遗产保护无法孤芳自赏,需要与民众平等交流,"这些文化遗产资源能在多大程度上对人们的现实生活做出贡献,才是最重要的","一定要不断推出适合人们今天生活的优秀的文化活动,让人们休闲的时候想走进博物馆,参观完之后还想回到博物馆,这才是一个好的博物馆"。

这就是单霁翔的"新文物观":

> 文物应该真正"活起来",不但有灿烂的过去,还应该有"有尊严的现在",并且走向未来;
>
> 文物保护,不是锁在库房里就是保护好,也不是建了一个高大上的博物馆、只要观众来就是好;
>
> 文物保护不只是博物馆的事儿,每个人都有保护文物的权利,每个人都应该获得知情权、参与权、监督权和受益权,只有当人们共同保护,共同呵护,共同守护,共同监督,它才最安全。

启示之二：资源是属于公众的，要向公共打开

单霁翔刚到故宫时，故宫对公众开放的区域只有30%，"非开放区，游客止步"的牌子随处都是；99%的藏品沉睡在库房里，观众所见不到1%；故宫有10200件不同时期的雕塑，都在库房睡觉，有的高大的雕塑甚至连库房都没有。大量室外文物和库房，常年无人清理。观众进故宫，主要就是看皇帝上朝、睡觉、结婚的地方，没有把故宫当成一座博物馆。

单霁翔在库房里看到过被叠至11层的紫檀、黄花梨家具，在南城墙下见过两尊沾满灰尘的1500年前北齐时代的菩萨。有一次到库房，他吓了一跳，秦始皇兵马俑就躺在台阶底下。

这些宝贝，这些资源，外人以为都保护好了，其实是命运多舛。

在单霁翔领导下，故宫人开始对1200栋古建筑进行修缮。武英殿修好了，变成了陶瓷馆；慈宁宫修好了，变成了雕塑馆；80年前被烧毁的古建筑修好了，变成了故宫学院。接着，要把沉睡在库房里的文物修好，为此建立了文物医院，200名文物医生汇聚一堂。

修好的文物放在修好的屋子里，按原状重新布置，就有了新的参观空间。

故宫有四个花园，两个明代的，两个清代的，也都对外开放了。

他们还开放了城门、角楼、大戏楼。过去城墙不开放，城门角楼里是库房。东华门存放的是24万块珍贵的乾隆版《大藏经》，他们小心翼翼拿下来，开始建设和筹划《大藏经》和书版的仓储式陈列展览。东华门今天是古建筑馆，神武门是临时展厅，对观众开放。

2014年，故宫开放区域达到52%，2015年达到60%，2016年达到76%，2019年年初达到80%。虽然这些场景、空间、物品，是新创出来的，但原始的文物资源，其实一直都在那里，只是堆积封存着。

单霁翔常说，若得不到保护，文物就没有尊严，蓬头垢面；得到保护、展示后，文物就能光彩照人。

故宫博物院收藏的文物藏品一共有1862690件，单霁翔希望，每一件都要光彩照人。

越开放，安全压力也越大。故宫建立了5个中控室，最大的有65面大屏幕，指挥3000多个高清摄像头，从10个方面进行监测。所有管线全进入地下，不再穿越红墙和古建筑。

启示之三：以消费者为中心，改善体验，创新产品

故宫曾存在严重的购票难、排队长、如厕难等问题。

在单霁翔看来，关键是"究竟是以自己方便为中心，还是以游客方便为中心"的问题。如果以自己管理方便为中心，可能就会让观众不方便。而以观众方便为中心，可能过去很多传统的做法就要改变。

因此，故宫增加了售票窗口，保证98%的游客3分钟内能够买到票，还设计了网上购票与现场扫码的入宫方式；广场上与故宫文化无关的商铺被清除了；以前走累了只能坐在石头栏杆上休息，现在做了1400把椅子和很多树凳，随处可倚；大殿内采光不好，引入了LED冷光灯；为便于学知识，推出了有40多种语言的讲解器，设置了512块标识牌。

一个被广为引用的例子是女士如厕问题。单霁翔说，我们经过大数据分析、多次反复实验，发现女士洗手间应该是男士洗手间数量的2.6倍，于是按这个比例进行了调整，终于不用再排队了。

午门是故宫的正门，以前三个门洞，中间的专为接待贵宾车队所用，时常紧闭，而两侧门洞排满了观众。单霁翔觉得很不合理，想把中间的门洞也开放。有部门反对说："贵宾开车进故宫是几十年的礼遇，不能换了一个院长，礼遇都不要了。"但在他的坚持下，故宫终于在2013年年初发布公告：故宫开放区内不允许机动车再驶入。当年4月，法国总统奥朗德参访故宫，成为近几十年来第一位步行进入的贵宾。

为了让观众获得更好体验，真正做到参观有序，故宫进行了限流，每天只接待8万人。但与此同时，全部1862690万件文物藏品都公布到了网上，可以查到任何一件藏品的信息。三个摄像室源源不断把藏品的照片、古建筑照片拍摄后上传到网上。故宫还推出了App，推动数字绘画、数字织绣、VR影像，成了一年365天的掌上博物院。

单霁翔说："大家喜欢故宫的景观，有一年紫禁城初雪，120万的点击量。后来不下雪，我们就拍了红月亮，有2000万的点击量。把古代书画《韩熙载夜宴图》立起来，点击进去就能深度阅读书画历史，看到当年的文字，听到当年的琴声。"

2010年，故宫文创网店"故宫淘宝"开张。但最初，趣味性、互动性都不足，影响不大。单霁翔上任后提出，故宫文创产品应坚持两个原则，一是以故宫文物研究为基础，二是把文化资源真正地融入人的生活。由此打通了文创产品的任督二脉。

大开脑洞的故宫文创产品，已经突破1万种，年销售额突破15亿元。

启示之四：每个领域都可以发挥企业家精神

德鲁克在1985年出版的《创新与企业家精神》中指出，企业家精神的体现是：大幅度提高资源的产出；创造新颖而与众不同的东西，改变价值；开创新市场和新顾客群；视变化为常态，将变化视为机遇而加以利用。

他认为，无论大企业还是小企业，无论私人企业还是公共部门（包括政府部门），无论高科技企业还是非科技企业，都可以有企业家，也可以具备企业家精神。

在我看来，单霁翔就是一个企业家，只不过他经营管理的主体是故宫。

企业家是不怕承担风险的。单霁翔做的很多事，如每周一闭馆、限制参观人流、扩大开放区域、拆除违建、将非故宫单位清出宫墙、搞活文创产品，都有过争议。但单霁翔不甘心"平庸的太平"。

企业家是不怕担当责任的。单霁翔刚上任，大家关心他会烧出什么三把火。他表示，一把火也没有，因为故宫最怕的就是火。他设了三道禁令：禁烟、禁火、禁车。禁火第一天，故宫共截下8000多个打火机。在拆违建方面，单霁翔身体力行，亲自参与，他没有把活派下去就完了，而是在现场跟大家一起干。他提出必须实名制购买门票，这惹怒了上百个天天在宫内上班的"黄牛党"。单霁翔曾亲自制止"黄牛"和保安的冲突，差点跟他们打起来。最后，他顶着恐吓，把实名制立住了。

单霁翔大力创新，员工的工作量、工作强度增大了不少，比如展览多了，文物修复任务就很重。一位故宫副研究馆员说，"最开始有不适应，但开放的益处也很明显，更多的人愿意投入一些资金帮助我们去建设故宫、修复文物，原来做不成的事儿，现在通过外界的支持和帮助，就能做成了。"

单霁翔自称"布衣院长"，别人叫他"网红院长"，我认为他是一位有企业家精神的创新院长。

这一切的背后是辛苦的付出，但单霁翔乐在其中。在制作App"皇帝的一天"时，他负责最终审核，顺带体验了一下古代皇帝的生活，他说："皇帝也是蛮拼的，早晨不到5点就得起床，不给吃饭，背四书五经一个半小时，还是不给吃饭，所以做什么都得努力啊。"他说，晚上躺到床上，从来5分钟之内就睡着，一年可能做不了一次梦，也失眠不了一次。

没有对公共负责的精神，存量改革就没有希望

中国有大量的资源。上下五千年就是我们的文化资源。在充满责任感和创新精神的人那里，上下五千年不是一潭死水，而是青春无限。

可惜的是，在有权力和机会使用公共资源、社会资源的人那里，有多大比例是抱着对消费者负责、对社会负责、对历史和未来负责的态度，真正把资源的价值开发出来的呢？

我常常看到的是，不但不好好开发公共资源，而且用各种名目，把公共资源管着，封着，甚至管死。由于大量的部门化、封闭化、既得利益化的资源配置和使用方式，我们的社会资源，被闲置、限制、浪费的情况比比皆是。

最重要的公共资源可能是信息。政府信息资源使用中的问题，可能比楼堂馆所的低效使用更值得注意。

2019年4月15日，修订后的《政府信息公开条例》正式公布，规定了"以公开为常态、不公开为例外"的原则，并删除了之前备受争议的"三需要"（即除行政机关主动公开的政府信息外，公民、法人或者其他组织申请获取相关政府信息，需以"根据自身生产、生活、科研等特殊需要"为条件）。这是积极的进步，但现实中，财政预决算、公共资源配置、重大建设项目等重点领域的信息公开还有待大力改进。在公共

资源配置方面,保障性安居工程建设、保障性住房分配、国有土地使用权和矿业权出让、政府采购、国有产权交易、工程建设项目招标投标等信息公开的及时、完整和透明程度还很不够。

如果政府信息被"孤岛化""内部化""部门化""套利化",既是对政府信用的伤害,也是资源有效配置的障碍。

2007年诺贝尔经济学奖得主赫维茨曾指出,在公共物品的环境下,信息无效的问题更突出。"每个人在这个系统中都可以采取策略性的行动,即为获取最大的效应或收益,他可以隐藏对自己不利的私人信息或告知别人错误的信息。"公权力的拥有者总会拿出各种理由,证明其行动是为了公共利益,但社会没有办法识别,他们究竟是为了公益还是为了部门化、个人化的私利,也缺乏机制对其进行有效监督。

我们怎样才能设计一种机制,避免信息不对称情况下的资源配置损失,从而实现资源的最优化利用呢?没有对公共负责的精神,存量改革就没有希望。

在单霁翔那里,我看到的是,文化这种资源的价值,与其说是留存下来的,不如说是创造出来的,是在以消费者为本的变革过程中实现的。

文化是一个社会最底层也是最深刻的力量,但如果不用心守候,用"新"守护,它只是遗迹。1894年,孙中山上书李鸿章,提出了"人尽其才,地尽其利,物尽其用,货畅其流"的主张。他谈的其实就是资源配置问题。

从资源配置的角度,单霁翔这个有些另类的院长,给人留下了太多启示。这些启示的应用范围,应该远远不止于故宫一地。

互惠经济学：一场商业世界观的革命

英国女王的问题

在某次上海高级金融学院的工商管理博士班课堂上，一位做乳业投资的董事长说："一个行业能不能发展好，关键是有没有负责任的领头羊。像某些乳业巨头企业一年打几十亿的广告，但不愿意在奶农身上多花一点钱，总觉得这些分散的个体，谈判能力弱，好欺负。但长期这样，肯定会出事的。"

话音刚落，做机械配件的企业家跟着诉说。某家工程机械企业每年第四季度做第二年的招标，把供应商们找来，每人一张表一支笔，一个小会议室，当场填写供货价，最低者得。保生意还是保利润？每个供应商都无比纠结。一场价格战杀下来，浑身像脱了一层皮。

压榨供应商，让他们的日子变得更差，而使自己赚得更多，这样的规则合理吗？商业世界中充满了这样的问题。

但问题背后的规则，则从未被真正挑战。无论乳品企业还是工程机械企业，它们的逻辑都是"股东利益最大化"，合法经营，你情我愿，有什么错呢?

　　支持这种逻辑的不仅有企业家,还有思想家。影响最大的,一位是哈佛大学教授西奥多·莱维特。1958年他在《哈佛商业评论》上提出,追求利润是企业的责任,解决社会问题是政府的责任,假如社会问题让企业来解决,就必须赋予企业更大的权力,企业将逐渐演变为具有支配地位的经济、政治和社会权力中心,这是十分危险的。另一位是经济学家米尔顿·弗里德曼。1970年9月13日,他在《纽约时报杂志》发表《企业的社会责任就是增加利润》。他的观点是,企业是拥有其所有权的股东的私产,只要努力为股东赚取利润就可以了。因为利润越大,企业运用社会资源的效率就越高,对社会的贡献也就越大。

　　2008年的金融危机极大地挑战了上述观念。以苏格兰皇家银行为例,在资本大肆兼并收购,进行最大化地自由扩张时,民众分享不了什么,等危机爆发濒临破产了,却要国家纾困。苏格兰皇家银行破产事件让和股东不相干的英国纳税人,光是股权注资就花了455亿英镑(接近600亿美元)!

　　2008年11月,英国女王伊丽莎白二世访问伦敦政经学院,她抛出了一个问题:"为什么当初就没有一个人注意到经济危机?"

　　2009年7月,33位英国经济学家联名给女王写道歉信。他们反省,每个人看起来都依其自身能力各司其职,失败之处在于,这种"只见树木,不见森林"的各司其职,能在多大程度上促进整体的正确性呢?他们说英国社会科学院将提供一些想法,探讨如何让各个政府部门、英格兰银行和其他金融服务管理局的政府雇员,"发展出一套全新的、共享的大局观能力,让您再也无须问这个问题"。

　　2012年12月,女王到访英格兰银行,再次问,哪些失误导致了这次金融危机的发生？"自满"是不是一个原因？她还说，"我知道金融市场的发展很难预计，但央行的员工是不是有些太松懈了？"

我喜欢经济学家熊彼特在《资本主义、社会主义和民主》中的一句话："所谓经济发展，就是女王所穿的丝袜，一般工厂女工也可购得。"而对与经济发展所伴生的问题，从英国女王到中国奶农，都很不安，都在寻找答案。

爱因斯坦说，我们面临的重大问题，不能由产生这些问题的方式来解决。要根除金融资本主义的功能障碍，必须要有新的商业世界观。

玛氏提出的问题

2006年，全球最大的食品生产商之一玛氏，一家有着100多年历史的非上市企业的主席John Mars问："对一家从事商业活动的公司来说，正确的利润水平应该是怎样的？"

在习惯了"企业的责任就是增加利润"的商业世界，这真是一个石破天惊的问题。

也许是机缘巧合，世界经济论坛成员、学者背景出身的布鲁诺·罗奇在2006年被任命为玛氏首席经济学家。他最重要的任务就是回答这一问题。他带领玛氏智库成员，遍访全球著名学府进行合作研究，并在玛氏内部开展试验，最终找到了互惠经济学这一答案。

和传统商业形态以企业自身和股东价值为中心所不同，互惠经济学倡导的是，企业要兼顾每个跟自己发生联系的利益相关方的利益，并找到整个生态系统的痛点在哪里，从而加以解决。

这里的核心问题在于，从生态角度看，一个企业到底是创造了价值还是毁灭了价值？

为了进行衡量，布鲁诺·罗奇开发了一套标准和工具，它不是传统的会计语言，而是从人力资本、社会资本、自然资本和金融资本四个角度，设定出能够准确反映该项资本的内涵与价值的标准，分别进行计算，看每一种资本的回报率、投入和产出效率，看是不是发挥了最大、最高效的作用。

这就是互惠利润，它衡量每一种形式的资本具体创造或毁掉了多少价值。一家非常负责的企业，它的互惠利润大于财务利润；不负责的企业，互惠利润小于财务利润。

通过这套方法，企业管理者可以了解，在每一种资本范畴里，到底使用了多少资本，破坏了多少资本，又新创了多少资本，更好的平衡点在哪里。比如，企业既要预留一定比例利润跟利益相关方分享，但如果消耗的比例太高，也会对增长不利。

对多年研究商业文明、企业社会责任的我来说，和布鲁诺·罗奇的交流让我看到了一扇新的大门。布鲁诺·罗奇回忆说：

> 作为一个犹太人的孩子，小时候从学校回家，父亲经常问我的不是"今天答对了什么"，而是"今天向老师问了什么问题"。问对问题比答对问题更重要。那么今天，什么是正确的利润水平？什么样的利润是合适的？这就是意义重大的"对的问题"。它又引出另外两个问题：第一，是否存在一个最优利润水平，可以确保企业创造的整体价值最大化，包括持续的、健康的、有盈利的发展；第二，怎样的道德原则可以证明企业能够从其运营及其长期发展所依赖的商业生态系统中，汲取更大的价值。这两个问题——分别关于整体价值最优化和道德规

范——鼓励我们从大处着眼，思考商业如何成为解决社会和环境问题的治愈力、恢复力。

如果回到上文乳企的例子，相对应的两个问题就是：第一，比起在企业全生命周期所获得的最持久的最优利润，当期利润最大化的做法合适吗？第二，应该建立怎样的原则，才能更好地评估企业在整个生态系统中应该获得的价值？

互惠经济学对企业意味着什么？

很多企业听到互惠经济学，可能会觉得与我何干。其实，互惠对每一家企业来说都非常有意义。

第一，从根本上改变对商业的理解，重新建立使命感。

布鲁诺·罗奇说："绝大部分企业的目标都是赚钱。但如果只是赚钱，那就是leave alone（孤军奋战）。比如造车的问题，为什么造车？很多回答是造车可以赚更多的钱。而互惠经济学的答案是，造车是为了给人类提供流动性（mobility），这对社会是好的（good for community），具体是什么车，这只是流动性的一个解决方案而已。这就是一个更广阔的、更大的视野。由此你就必须考虑生态系统里非车企的其他因素，如城市、政府、自行车、行人等。如果为造车而造车，就把自己排斥在mobility之外，忘掉为人类出行服务的根本目的。"

"传统商业模式的弊端就是企业以自我为中心，就像'地心说'，以为地球就是世界的中心。其实，地球只是太阳系的一个星球。所以互惠经济学是'去中心化'的，因为这样更接近商业的真相。当一个企业不以自己为中心的时候，它对自己会看得更清楚，和别人的关系会更持久,这样其业务表现也会更好。"

第二,从根本上改变对商业计量的理解,做到"用价值产生价值"。

传统上,商业的计量单位是货币数字、金融资本。钱是企业的通用语言,似乎什么东西都可以转化折算成钱,用钱去解决。

互惠经济学认为,经济发展需要三项基本投入:提供基础资源的地球、改变资源形态并增加价值的人,以及为经济活动提供资金流的金融资本。每一项投入都有独特价值,都能获得应有报酬。目前的弊端是,在强调某一项投入的报酬时,往往牺牲其余两项。比如有的强调人的报酬,是以牺牲利润和地球健康为代价的;金融资本主义则牺牲人和地球,来回报金融资本的持有者;环保主义者又牺牲金融资本和人来补偿地球。这都有局限。要建立真正可持续性的商业,就要在整体上优化所有三项投入的价值。

布鲁诺·罗奇为每一种资本都建立了一套衡量标准,包括几个简单但解释力很强的变量,它们能较为有力地解释该资本影响力的各方面情况。比如人力资本,五个变量是:与企业形象保持一致(对信奉的价值观言行一致)、员工的社会资本、向上流动的前景效应、地位、直接领导人的影响;又如社会资本,其三个变量是:信任、社会凝聚力和集体行动能力;自然资本的五个变量是:可再生材料、不可再生材料、空气、水和表土侵蚀;最后,共享金融资本衡量的是,在既定价值链的利益相关方之间如何分配(共享)。

这套创新方法的意义在于做到了一把钥匙开一把锁。要解决人力资本的问题,就要通过相应的变量的投入和调整,而不是用金融资本去解决。比如,布鲁诺·罗奇跟玛氏中国开始做的一个项目,是看到中国人最大的痛点是人力资本水平以及工作中的幸福感存在问题,这就需要根据五个人力资本变量去改进,比如在设计职业路径时,要让人们知道有往上走的清晰前景。

钱不能解决所有问题。一个问题的解决,要靠"价值驱动价值,价值产生价值"。

第三,从根本上改变弱肉强食的规则,让商业价值链中最薄弱的环节不是更弱,而是得到强化,由此让整个生态更健康和可持续。

传统商业的逻辑是赢家通吃,是弱肉强食和马太效应。而互惠经济学将商业重新定位为恢复性的治愈力量,它发现金融资本主义以破坏性的、几乎不合理的姿态,为股东提取短期利润的最大化,而不是重新投资在利益相关方的价值链上,这导致整个系统中的裂缝越来越明显。互惠经济学希望给价值链中最薄弱的地方带去希望。

马乌阿:互惠经济学的案例

2013年,布鲁诺·罗奇的团队在肯尼亚的贫困群体中开展了一项微型创业、微型分销试点的商业项目,项目被称为"马乌阿"。其商业目标,是在肯尼亚特定的城市贫民窟和农村地区开发新的、可盈利的"最后一英里"深度分销路线,那是玛氏旗下的箭牌口香糖无法通过传统分销路线抵达市场的地方。

箭牌在肯尼亚拥有一家口香糖工厂,但从不把城市贫民窟和农村看成目标市场,其销售方式主要集中在大型零售店如超市,以及小型店铺如加油站和药店,所有这些都通过一个总经销商在运作。

在这长期被忽视的金字塔底部市场,马乌阿项目团队通过和一些非传统的公民组织发展伙伴关系,利用他们对于非正式社交网络的了解,以及在贫困群体中营造的"信任",招募和培训了一些有意愿的创业者，由此发展出一种更为直接的微型销售渠道。核心微型分销网络中有一个中央库存点（"存货商"），微型分销商用自行车搬运货物，从库存点送到小型零售店以及直接向顾客兜售的自给式商贩（街头小贩）那里。在这个过程中，马乌阿项目把创业机会、微小金融资本、较丰厚的人力和社会资本结合起来，还提供技术和培训支持，帮助分销商和商贩利用手机银行等高效的电子支付方式。

马乌阿项目的假设是，通过注重他人的需求，公司能成功打入新的人群，由此获益。自2013年9月项目启动，首次在一个贫民窟开展7位微型创业者的运营以来，马乌阿模式在不同地区陆续发展起来，销售总额已经超过700万美元，盈利能力出色。马乌阿项目如今已是当地箭牌企业的一个重要组成部分。

布鲁诺·罗奇说，和财务成绩同等重要的是，马乌阿项目能够对人力和社会资本随着时间发展的增值进程进行衡量。"我们希望不仅通过合理地分配金融资本，而且通过对教育、培训和个人满意度的改善来衡量为员工带来的益处。在马乌阿项目推出的18个月内，微型创业者团队从开始的7位增长至第二年的450多位，并在第三年结束时达到700多位。在非金融资本形式上，马乌阿实现了优异的可衡量价值水平，人力资本提升至80%，社会资本提升至20%，共享金融资本（代表微型创业者的金融增长）提升至47%。"

马乌阿的案例说明，在商业生态的空白点和价值链的痛点上，可以通过找到合适的利益相关方，与之建立信任，提供社会、人力资本，共享金融资本效益，从而驱动提升经营业绩。

类似这样的项目已经开展了30多个，这种互惠经济的新模式有着彻底改革传统商业的潜力。布鲁诺·罗奇说："它有能力使资本主义更加接近完整，并且这样做，可以治愈一个在很多层面上支离破碎的世界。"

实践证明，帮助商业价值链上的弱者，让这些特定的利益相关方受益，这反而有助于企业实现"最大的成功"。在玛氏，无论是咖啡业务单元帮助价值链开端的咖啡豆种植者提升社会资本，还是箭牌口香糖在价值链中，将薄荷叶种植确定为一个潜在机会，这些尝试都是极有意义的。例如在肯尼亚，他们着手测试自己培养微型创业者的能力。当他们看到内罗毕一位年轻的母亲将她的收入从维持生计的水平提高到可以支持孩子接受教育的水平，他们说，没有比会见我们的微型创业者更受激励的个人体验了！

帮助改变那些早该改变的人的命运，改变你，成就你。互惠经济学，正在成为人本主义与市场力量的有机结合。

"做好事，并做得更好，同时规模做大"

全球各地都在不同程度上出现经济民粹主义的浪潮，其中一个诱因是严重的贫富分化。传统经济体系似乎走到周期的尽头。而在此前，对金钱独一无二的信任是至高无上的，无休止地积累金融资本就是最终目标。

布鲁诺·罗奇则认为，财富不均衡是毋庸置疑的，但主张在全球范围内对富人征收累进税的皮凯蒂方案是基于一个不可靠的假设，即全球机构或国家政府可以进行更好的再分配。其实，我们的文化、历史和人类身份的深处，就有一种原则，即充分照顾到每种资本形式，寻求互惠利益而不是剥削关系。因此，并不需要通过再分配来平衡，而是应该把管理金融资本的责任交给那些有金融天赋并有责任感的人，只要他们的目的是发展整体繁荣以有利于多数人而不是少数人，不是牺牲其他人以利于个别人。

布鲁诺·罗奇说，我们有可能拥有一代人仅有一次的机会，即重新定位商业，将其作为对全球经济恢复性的治愈力量，在多个层面上使经济的参与者获得更多回报，通过治愈商业来治愈世界。对社会和地球行善，实际上可以通过商业实践来实现，而不总是以牺牲金融资本为代价。商业价值链中的"双赢"实际上是可行的，并且能够带来优异的整体价值创造，"行善而诸事顺"，通过这种方式，企业可以带来政府和慈善机构无法实现的社会和环境转型。

世界必须恢复理智，把更大的利益置于自身利益之前，创造更重视长期利益的环境，摆脱短期效益主义。

布鲁诺·罗奇说，如果商业领袖确信他们有一种新的方式来"做好事，并做得更好，同时规模做大"，那么企业更有可能推动人们把理想变为现实。将来的杰出公司，将不仅仅是为股东赚取更多的钱，更多的是如何利用企业的力量，周到地、有意识地考虑他们可以解决的社会问题。杰出的公司需要扩大资产负债表，以涵盖在利益相关方的商业生态体系中对社会、人力和自然资本的影响，同时驱动利润并为人类和地球带来更广泛的互惠利益。

中国需不需要重写商业规则？

在我要结束和布鲁诺·罗奇的讨论时，他说，互惠经济学在中国最合适。因为中国的历史中就有义利并举的平衡传统。他还举了一个例子，微信的互惠利润远远高于财务利润。

中国商业历史上一直有义利之辨。但在相当长时间里，中国人过于轻视利，所谓"君子耻于言利"。孔子说"君子喻于义，小人喻于利"，荀子说"义胜利者为治世，利克义者为乱世"。这种轻利的传统，并不利于经济的发展。但是，最近几十年，当市场经济的洪流让财富飞快涌流之后，不少人和企业又陷入了急功近利、不择手段的漩涡而不能自拔。此时既需要加强法治化，也需要重温传统义利观中有价值、有温度的部分。

在今天的中国商界，不少企业脑子里考虑的并不是互惠而是独吞，不是如何提升价值链最薄弱环节上的利益相关者能力，而是建立排他性的壁垒。比如，一些企业的销售"护城河"，实际就是让经销商只卖自己的产品，而不能给竞争对手做代理。

我想到，马乌阿项目在肯尼亚的城市贫民窟和农村启动时，为了帮助微型创业者，允许他们销售箭牌口香糖竞争对手的产品，这样创业者的产品可以多元化，把生意做得更大。这种互惠主义的考量，太值得中国那些强制商家二选一的企业借鉴与学习了。

在我看来，互惠经济学对中国商界是一味良药，既有建设性又有创新性。因为它没有离开市场的力量，孤立地强调慈善和社会责任，而是将社会责任落实到创新的商业模式和运营中，义在利中，共同彰显。

什么是企业的正确的利润水平？这个非凡的问题，开启了关于新商业价值观的非凡探索。

全球商业到了重写商业规则、迈出系统性变革的关键一步。

而在中国，究竟是什么为商业创造价值？让商业真的有价值？我们有机会做出更好的探索。

当我们面对不曾想象的困难,更有机会拥抱自由的美好

2012年9月7日,大宗商品巨头嘉能可集团董事会主席、72岁的马世民(Simon Murray),在伦敦的办公楼里请老朋友、华为公司创始人、68岁的任正非吃饭。他指着外面一座全玻璃幕墙大厦,让任正非看。大厦在同年7月正式揭幕,叫碎片大厦(The Shard),高1017英尺(310.0米),是欧洲仅次于莫斯科水星城的第二高楼,它被中国游客称为"摘星塔"。

"三天前,我用绳索从那上面溜了下来。"马世民说。

2014年6月,任正非破天荒首次接受国内十多家媒体联合采访。有记者问未来谁能接替他,他说,先讲两个朋友的故事。他所讲的一个是AIG创始人格林伯格,88岁,每天早上做50个俯卧撑,晚上做50个俯卧撑;另一个就是上文中的马世民。

"我们出国,经常遇到七八十岁的老头亲自开飞机来接我们,也许是为了证明他们不老。"任正非说。

任正非的言外之意,是他还年轻。部队出身的他喜欢开车,开快车。2013年3月,69岁的他和家人朋友在老家贵州山区自驾游,开得不亦乐乎。

2012年11月，任正非为《马世民的战地日记》写序，称他是奇人、老师、榜样，是"72岁的青年人"。

任正非在序里讲了一个和马世民有关的故事，即1990年中国长征三号火箭将亚洲一号卫星精准送入预定轨道。这是中国首次完成国际商业发射服务，拉开了中国火箭进入世界市场的序幕。马世民则是推手之一。

"在那样的时代，这真是一件敢想敢干的事情。"

亚洲一号卫星的前身，是美国休斯公司为西联通信公司设计的一颗地球静止轨道通信卫星，名叫"西联星6号"，1984年2月由"挑战者号"航天飞机携带进入太空。脱离航天飞机后，卫星上的近地点发动机没有按预定计划点火，发射失败。承保的劳合社向西联公司赔付了7500万美元保费，同时获得卫星所有权。

幸运的是，地面跟踪站监测到了卫星的具体位置，发现状况良好。劳合社测算费用后觉得划算，于是向休斯公司和宇航局（NASA）支付了275万美元，由它们回收。1984年11月，"发现号"航天飞机飞到距卫星9米的地方，两名宇航员走出机舱，用了6个多小时，引导航天飞机机械手将卫星抓回货舱。返程后卫星被送到休斯公司，由专家组彻底检查，休斯公司于1985年4月向劳合社提交了翻新检修及重新发射的建议。

劳合社以5000万美元将卫星卖给美国特雷公司。但特雷后来破产，卫星重回劳合社，直到亚洲卫星公司购买了卫星，将其更名为亚洲一号，有关技术参数也根据覆盖亚洲的要求重新调整和更新，最后由中国长城公司的长征三号火箭完成了发射。

亚洲卫星公司是1988年由荣毅仁创办，由中国中信集团联合香港和记黄埔和英国大东电报局成立的亚太区第一家区域性商业卫星公司。马世民是当时和记黄埔的董事总经理,也是亚洲卫星公司的联席主席。他要说服美国政府同意让中国的低成本火箭参与发射招标,这有利于美国卖出更多卫星;他要说服"巴统"(对社会主义国家实行禁运和贸易限制的"输出管制统筹委员会")同意让中国发射;他要说服中国政府同意让美国海军陆战队全程押运卫星进入中国。

中国火箭发射美国卫星是一个开创性的事件,而在1989年、1990年那段时间尤其不易,但奇迹最终发生。在这一过程中,中信集团做了大量工作,荣毅仁多次亲自出面,马世民也功不可没。

1940年,马世民出生在英国莱斯特一个富裕家庭。但父亲在马世民小时候离家出走,他靠叔叔资助上学。母亲再婚后,把他带到了荷兰。

1958年,马世民在阿姆斯特丹海边遇到一位船主。"我的船明天一早出发,船上需要一名备菜和打扫卫生的勤杂工,你是否有兴趣?"马世民一口答应,尽管他连船开往哪里都不知道。

船去了南美,在海上漂流了9个月。回到家后,他已错过大学入学考试。马世民到曼彻斯特一家工程公司当学徒,爱上了老板的外孙女詹妮弗。一次约会时,他向詹妮弗求婚,说:"如果你不答应,我就去当兵。"詹妮弗没有答应,马世民报名参加了英国陆军,虽然他家族的长辈中有不少英国军官,但因为个子矮,又有红绿色盲,他没有被录取。

1960年2月22日清晨,巴黎。马世民穿着衬衫马夹加西装的全套英式传统正装,搭地铁到法国文森镇(Vincennes)的老堡区(Old Fort),那是法国外籍军团的招募办公室所在地。法国外籍军团创立于1831年,是由外国志愿者组成的陆军部队,和法国正规军有同样装备,入选标准非常苛刻。马世民小时候读过关于法国外籍兵团的小说《火爆三兄弟》,

那种沙漠战士的奇幻世界印在他的心中。

"你来错了地方。外籍军团的5年时间冗长艰苦,你最好抛掉英国人的浪漫想法,离开这里重新慎重考虑。"一个中士说。马世民说,他已经想好了。40个候选人看起来都刚强粗犷,他恨不得自己穿的是牛仔裤旧毛衣,而非英式三件套。他们脱光全部衣服,做一连串的医疗检查。他意外地成为7个录取者之一。并在不久后作为第二伞兵团的新兵被派到阿尔及利亚,参加法国与阿尔及利亚民族解放阵线的战争。当时他的工资是每周7英镑。

漆黑冰冷夜里的魔鬼训练,长达90英里(约145千米)的徒步行军,血腥战斗中的多次死里逃生,极端暴力的肉体惩罚,在军团监狱守卫手下保命并熬过12天……所有这些,后来都以日记体写进马世民的书里。

他是这样描述军旅感受的:

> 寒冷像冰冷的钢铁标枪直刺到你骨头里去……
> 今天的集体长途跋涉艰辛得就算是骡子也一定累垮了……
> 人一般是在消耗体力约三成的时候容易瘫倒——离死还远呢……
> 寒冷和疼痛感觉离发疯仅剩下一毫米距离了……
> 我逐渐找到步行的节奏,这就是行军的秘诀,然后脑袋便可放松,等思绪开始乱飘就没问题了,你会忘了自己的双脚与背部,有点儿像在梦里漂泊……
> 这里不是彻底造就一个人,就是彻底摧毁他。

一些意外事件对马世民形成了更大的冲击。一天晚上,营地帐篷里一个士兵的手榴弹保险针不经意卡住,在脱下装备时被引爆,帐篷里的

10个人有4个瞬间毙命，肉体横飞。又有一次战斗中击毙了两位阿拉伯游击队员，回到营地后，他们却接到命令，要再回战场把游击队员的头割下来，带回来检查和拍照，看是不是叛徒。

5年服役期，马世民从零出发，取得了整个兵团射击比赛精确射击与速射综合成绩的个人组第三名，而更重要的是，他从男孩变成了男人，对生命有了完全不同的理解：

> 我们知道每个人迟早都有害怕的时候，恐惧本身并不可耻，有些人能够克服，有些人则不能。但是真正影响我们在恐惧面前是进是退的决策时刻，往往就是瞬间的零点几秒。若我们选择退缩，有可能一辈子都要背负着那一刻。
>
> 就在这样的时刻，当周围的情况已糟得不能再糟，当一个人已在崩溃边缘，差点就放弃希望时，咬紧牙关坚持下去就有回报。
>
> 或许必须依靠剔除法，人最终才有可能找到给自己人生带来最大满足的是什么。最重要的是不停向前走，别停下寻找的脚步。

5年合同期满后，马世民放弃保送军官学校深造的机会，回到英国，并与一直通过书信传情的詹妮弗完婚。这段经历被写成书，并在20世纪80年代出版，2002年被好莱坞拍成了电影《逃亡者》。

1966年，马世民在一个酒会上认识了香港怡和洋行的总经理。总经理听了马世民的经历说："你来我们这里吧，我们的管理人员大多来自牛津、剑桥，我们需要一些不同的人。"因此他去了香港，带着27英镑，以及他给自己取的中文名。

他很快从高才生中脱颖而出。他总结："学校所学到的是书面的知识，别人写下来，你读进去，每个人得到的都一模一样。而另一种知识则是内在的、动物所有的，即本能和直觉。狮子走进森林里，自然会察觉到身边的危险。我具有这种狮子般的本能，一个眼神或一次握手，我就能感觉出这人是不是可信。"

和一些年轻人眼高手低不同，马世民事事勤勉。拿到一张交易账单，他会仔细研究它的成交过程，怎样经过银行系统的处理等。就这样，他慢慢熟悉了生意场上的流程，并触类旁通。

军旅生涯还让马世民懂得与不同文化背景的人打交道。"我的战友来自世界各地，鱼龙混杂，他们当中有王子、诗人，也有银行抢劫犯，但大家都能互相理解并融洽相处。"这种能力让他很快就在商界结识了一群好友。有一次马世民到李嘉诚的长江实业推销冷气机，一来二往就和李嘉诚建立了交情。

1980年，马世民离开怡和，与合伙人成立了一家投资咨询公司。1984年，一个周五的晚上，他接到了李嘉诚部下打来的电话，说想聘请他。见面后，他告诉李嘉诚，自己和合伙人很有默契，公司也不会出售。李嘉诚坚持要他打电话给合伙人，结果合伙人问的第一句话是："多少钱？"李嘉诚说："看，只要价钱对，谁都会卖的。"连公司带人收购后，马世民在和记黄埔担任了9年多的总经理。他帮助李氏家族收购了加拿大赫斯基石油，并建立了在欧洲的移动通信业务。

1993年离开和记黄埔后，马世民担任过德意志银行亚太区执行主席、麦格理银行亚太区主席、嘉能可集团主席，也做了不少电信业投资,创立了以自己名字命名的私募基金"世铭投资"。

2011年,马世民筹资数千万美元创立堤丰公司,建起世界第一支私人海军,目的是在索马里海域开展护航,打击海盗。他请了几位赫赫有名的退役将军担任董事,从军事和战略角度指导公司业务。他的海军配备有一艘万吨级母舰和多艘高速武装快艇,艇上装备M4步枪、狙击步枪等近战武器。

1999年,59岁的马世民到摩洛哥,参加全程254千米的世界最严酷的撒哈拉沙漠马拉松大赛。整项赛事分为若干个赛段,其中最长一段有84千米。还要背上食物、炉子、燃料、防晒/防寒衣物、睡袋等设备。作为马拉松发烧友的他顺利完成了比赛。

2004年,在妻子的建议下,马世民和42岁的英国极地探险家赫道尔一起,从南极洲边缘的大力神湾基地出发,以徒步且不设后援的方式,向南极点进发。他们每人拖着150多千克的物资,顶着最高时速100千米的强风,冒着零下四五十摄氏度的严寒,用了58天走完了1095千米。他瘦了40斤。

事后很多人问:"你每天走呀走,都在想什么?"

"我只想着一件事,前面100米怎样走?"

这次极地之旅,马世民和詹妮弗约好在终点汇合。詹妮弗热爱探险,作为第一个驾驶直升机环游世界的女人,她计划驾驶直升机穿越南极。但在那一次穿越中,她坠机了,飞机散架,她的手臂、肋骨摔伤,另一名驾驶员摔坏了背部。幸运的是,等了3个半小时,他们被后方人员发现了,原本为马世民准备的后备直升机迅速联系当地医院,把他们接到了阿根廷。

2008年，改革开放30周年，我写过一篇文章《以责任创造新商业文明》。当时，正值全球金融危机，经济低迷，企业家士气低落。

我在文章中说："经历了30年的奋斗，功成名就，中国的企业家群体还有雄心吗？还有当年'饥饿驱动'下那种强烈的企图心吗？我们最担心的是，企业家精神的弱化、钝化、松懈和涣散——干着干着不想干了，爬着爬着不想爬了；除了大钱快钱，小钱慢钱已经提不起兴趣，赚着赚着不知为何而赚；富而思安，图易避艰；遇到困难，不找市场找市长，只归因制度环境，或者'大不了不做了'。种种惰性，似乎已经是一种精神上的传染病。"

我整理了马世民的故事，是希望更多朋友一起思考，我们自己的精神生命力和企业生命力的问题。

企业家天生就是风险和不确定性的承担者，风霜雨雪本就是环境的常态，成长的能力往往是逼出来的。自由从不免费，要自己去把握、争取和创造，赢得自由是在一直向前走的过程中实现的，不是去征服什么，只是不被征服。

马世民在书中感慨，现在回头看，那个时代比起今天的世界要更加自由，人们活得比较随性，有更多机会可以偏离人生的主干道。一个19岁的青年可以选择离开去爬一座山。今天，人生的回廊相较之下狭窄了许多，人们追求的物质主义反而将生命限定在一条道路上，从我们第一次考试的一刻起，想要停下来都不行。

今天，在我们身边，又有许多坎坷和不确定。但如果能够看得更远，也许这只是迂回地带的考验。自由不是舒舒服服，更不是退却，自由在坚持和创造之中。

最后用马世民的两段话,和所有艰难前行的朋友共勉:

年少时看过卢梭的《社会契约论》,开首便说"人生而自由,却无往而不在枷锁之中",说得真棒。但走过大半个世纪后,我认为他错了。我们并非生而自由,而是一出生便受到束缚,受制于环境——因于一个决定我们未来人生路的小盒子中(若非监狱的话)。若父亲是个波士顿亿万富翁,你便会上普林斯顿大学,与名门淑女结婚,继承家族生意,退休后优哉地打高尔夫球,然后一生便结束;若生于加拉加斯贫民窟,你人生的轨道也都预定好;而你若生于非洲一个饱受艾滋病困扰的小村的话,路在早于出生时已经预定了,并且难以改变。所以说,你的人生路怎样,取决于你生于哪个盒子中。但唯有跳出既定的轨道,才能体验人生的种种历练。我不是说要漫无目的地游荡,而是要找到正确的人生方向。这样你就能找到属于自己的空间,或许能在那里找到自己。一旦找到自己,就能领略自由的真谛。对我而言,加入法国外籍兵团就是偏离了人生的轨道。兵团生涯非常艰苦,而且与我原本要走的路截然不同。但正是这经历让我找到自己。我是个自由的人。

我们都活在牢笼里,包括你周遭的环境和过去,决定着你的将来。我们有机会就要跳出去,找到一点空间,在那里找到自我,然后找到自由。而自由,是生命中最美好的东西。

让有梦想的人活得比梦想更精彩

从评中国500强到创世界500强

多年前,"92派"中国企业家的代表,嘉德拍卖、宅急送和泰康保险三家企业的创始人陈东升说,"未来我的墓志铭就是,从评中国500强企业到做世界500强企业"。

2018年7月19日,《财富》世界500强排行榜发布,泰康保险集团名列第489位。陈东升生于1957年,泰康保险集团刚好在他60岁时达到了跻身世界500强的条件。

陈东升出生于湖北天门,从小爱学习,小学时装过收音机。高一读了《马克思传》,从《参考消息》《光明日报》《文汇报》中做了大量剪报,从此对社会科学情有独钟,晚上经常读到12点;高中毕业,在县微生物试验站当技术工人,到农村帮农民治棉铃虫,手里常常拿着收音机听新闻,晚上就在煤油灯下读《人民日报》。恢复高考后,他考了三次大学,1979年考上武汉大学经济学系。毕业后分配到北京,在对外经济贸易合作部国际贸易研究所工作,几年内发表了十几篇论文,因学术表现突出，调到《管理世界》杂志任副总编。

陈东升从一个知识分子型的机关干部向市场化、商业化的转型，始于1988年。当时他想到了一个点子，就是模仿美国《财富》的500强评选，做中国500家最大企业的评价。"美国火的中国一定火"，"创新就是率先模仿"，"照着世界最好的葫芦画瓢"，这是陈东升后来驰骋商界的方法论之一。1988年的这个尝试，算是个开端。

《财富》杂志是1929年由亨利·卢斯创办的。1955年，在编辑埃德加·史密斯建议下，《财富》对美国500家最大工业公司进行排名，次年对非工业类公司排名，1983年对美国服务业排名，1990年对世界500家最大工业公司和500家最大服务业公司排名。1992年，中国银行和中国化工进出口公司进入世界500大服务企业。1995年，《财富》打破工业和服务业界限，推出统一的世界500强，中国有3家公司入选，分别是中粮集团、香港怡和集团和台湾电力集团。

1988年陈东升想评"中国500大"的时候，中国的国有企业基本是按照苏联的会计体系，评一级企业、二级企业。陈东升代表编辑部向杂志社申请3800元启动经费，领导说不行，陈东升说，我们先借，未来成倍还杂志社。1988年评了100强，1989年评了500强，由于这是第一次按国际惯例对企业进行评价，《人民日报》头版头条报道，中央电视台《新闻联播》播报。编辑部后来组织编撰500家大企业的图书，给入选企业发函，买书的交450元，登广告的交4500元，给杂志社真的挣了不少钱。

20世纪80年代，像陈东升这样的知识分子，有的想科技兴国，有的想教育兴国，有的想实业兴国。当陈东升从企业评选中发现一个国家的经济地位和拥有的世界500强数量相关时，他不再满足于只做研究和评价工作了，他要到商海中遨游。这一游，如蛟龙出海，先后创出了嘉德拍卖（1993年）、宅急送（1994年）、泰康保险（1996年）三个品牌。

人生归零进入新时代

弹指30年，陈东升受到波普艺术创始人安迪·沃霍尔的启发。沃霍尔每年把自己用过的最重要的东西，如日记、笔、日常用品、避孕套等等，丢进一个盒子封存起来，封存30年就成了当代艺术。

2017年，陈东升编了一个画册，等于把生命的前60年丢到了盒子里。他对同事和朋友们说："我今年是零岁，人生开启了一个新征程，就是全心全意地为人民服务。"

陈东升所说的"为人民服务"，是泰康的医疗和养老事业。他说："做金融赚了很多钱，走到哪说有万亿资产，很牛气，但这都是过去，只有把医疗养老等大健康做好，让我们每一个人优雅地老去，让每一个人富足而退，才是我未来的人生目标。"

泰康进入世界500强之时（世界500强的排名依据是根据该企业上一年度的营业收入），是陈东升把自己归零、迈入新时代之日。

回顾改革开放40年，陈东升认为，一个国家要繁荣，就要永远延续企业家精神，让一波一波、一浪一浪创业创新的企业家登上经济大舞台。今天中国的市场经济正在进入成熟期——市场是开放的，资本体系和创业环境是逐步成熟的；新时代是有秩序的时代、专业的时代、持续创新的时代。如果想做伟大的企业、百年老字号的企业，必须将"专注"做成品牌，坚持专业理想主义，批判摒弃机会主义。

"商人是做交易的，企业家是做市场的。商业理想主义与机会主义的区别，就是企业家和商人的区别。做企业就像农夫，把自己的一亩三分地精耕细作，每一年有一年的规划，然后长期年复一年、日复一日地专业化耕作，综合各种资源，通过改善技术和产品来收获。好企业一定是坚持专业化、市场化、规范化道路的企业，是坚持创新和效率驱动的企业，是坚持为社会提供正能量的企业。"陈东升如是说。

创业人生的四个镜头

假如时空穿越，陈东升的创业人生可以定格为这样几个镜头。

第一个镜头：1991年初夏的一天，北京南城马路边的路灯下，他下决心办一个拍卖行。在邓小平视察南方讲话影响下，陈东升一心想下海创业，但项目一直没定。评中国企业500强时他走访过很多国企，在重庆钢铁厂发现蒸汽机是慈禧太后时代的，就想建一个中国工业博物馆，但后来没办成。这天同事给他看《羊城晚报》刊登的一篇小评论，说中国五千年文明有灿烂的文化遗存，但没有一个像样的艺术品拍卖行。他联想到《新闻联播》曾介绍过国际知名拍卖行苏富比、佳士得，梵高的《向日葵》拍了几千万美元，觉得那是个很有品位的地方，就动念了。1993年5月，中国嘉德国际拍卖有限公司成立，创业初期从包装袋、价格表、目录屏、专家系统和信用系统——模仿苏富比。

第二个镜头：2016年7月27日，美国证监会资料显示，截至7月26日，泰康人寿持有的苏富比股份数目达到791.87万股，持股量约为13.52%，成为苏富比第一大股东。苏富比是世界第一家拍卖行，1744年诞生于伦敦一个叫"科芬园"的果菜花卉市场，起源和书相关。当时一个叫萨缪尔·贝克的书商在此举行了10天书籍拍卖会，白天竞拍者们浏览竞拍书籍，傍晚拍卖官主持叫价，数百本书籍易主，总成交额为876英镑。

第三个镜头：1990年，陈东升随中国青年代表团一行50人到日本考察，看到东京街头到处挂着"住友生命""海上火灾"的牌子，就问在日本研修的同事魏加宁，得知"生命"是"人寿保险"的意思。看到东京最高的摩天大楼都是保险公司的大楼，他第一次知道保险业可以做这么大，就在心底埋下了创办一家人寿保险公司的梦想种子。回国后，陈东升到王府井书店，买了所有书名带有"保险"的书开始学习。1992年12月，在出差间隙，他在上海新锦江大酒店的房间里写下了关于成立四方保险公司的设想，开始了筹建人寿保险公司的漫长旅程。近4年时间，申请信托公司、证券公司、商业银行的人很多，只有他一直等着保险牌照。一直到1996年，他才拿到牌照，泰康人寿保险股份有限公司成立。今天，泰康已经发展成涵盖保险、资管、医养三大核心业务，累计服务2.25亿客户的大型保险金融服务集团。截至2017年年底，管理资产超过1.2万亿元，净资产超过600亿元，税后利润为113亿元，实现"万亿资产、千亿保费、百亿利润"。值得一提的是，泰康的专业化投资能力在业内有口皆碑。行业近10年的年化投资收益率约在5%~6%，泰康为8%~9%。2007—2017年泰康一般账户年均投资收益率为8.26%，2017年泰康创新动力型投连账户收益率为30.08%。

第四个镜头：2009年，陈东升和泰康人寿董事会成员到美国费城附近的万柳（Willow Valley）养老社区考察，看到了大型的运动中心、文化中心、歌剧院和齐全的医疗康复设备,既有别墅也有单间公寓。他和一个在跑步机上健身的老头交流,一问他已经95岁了。陈东升进到一间练功房,一群老太太花枝招展、涂脂抹粉地在练平衡,练稳定性,一问,有个老太太已84岁了。他还看到一个百岁老太太戴着二战时的护士帽,重温青春时光,开怀大笑。他被这些老人对待生命的态度震撼了。"我们中国老年人基本上都是为了后代,我们说让老人吃一点,老人说留给孙子,让老人穿一点,也说留给孙子。我们一定要改变他们这种生活方式,把人寿保险和养老社区相结合。"

2009年,保监会批准泰康人寿作为保险业第一个养老社区投资试点。泰康开始有步骤地在北京、上海、广州等地建设包含康复医院在内的养老社区。客户购买"幸福有约终身养老计划"(起价为200万元,分10年缴清)之后,可以在达到法定退休年龄时获得入住养老社区的资格,产品到期后按年返还养老金直至身故,用于补充养老支出。在社区养老时,每个月缴纳服务费用。目前,"幸福有约"热销,北京燕园、上海申园、广州粤园、成都蜀园已先后投入运营,未来几年还将有十几个养老社区启用。泰康的商业模式是,一方面通过保费投资获得一到两个百分点的正回报,另一方面,虽然养老社区投资巨大,回报周期长,但有规模效应和高入住率后,通过服务也可以实现微利。陈东升算过一笔账:如果客户入住率相对稳定,达到90%以上,入住期限在8~10年,等于一次性销售了10年的期缴保险产品,对泰康未来的现金流是一个很好的支撑。

陈东升说,刚做拍卖和保险的时候,再有梦想,都想不到能做到今天的规模,有这么多创新。"你买我的保险,我用寿险资金建设养老社区,全国连锁,你老了以后在这里养老就医,形成闭环。我们的医生帮你看病,大概比外边的医院便宜20%,所以闭环一定给客户带来最高价值。整个模式叫'医养康宁全国化,发达地区网络化'。什么是医养康宁?就是医疗体系、养老体系、康复体系、终极关怀(纪念园)体系四位一体,这个模式现在全世界还没有。现实比梦想精彩得多,伟大得多。"

成功在于你怎么对待这个时代

陈东升的成功,究竟靠什么?小富由俭,大富由天。用他的话,最重要的因素是时代好、机会好、命运好。

"时代好,是身处飞速发展、创造奇迹的改革开放伟大年代;命运好,是选择了人寿保险这个充满活力和人文关怀的朝阳产业;机会好,是共同的信念让大家走在一起,上下同欲,从不折腾,目标纯正,心无旁骛。"

观察陈东升创业发展史,会发现它和时代高度同频合拍。

1992年,《有限责任公司规范意见》和《股份有限公司规范意见》出台,之前只有国有企业、乡镇企业、外资企业、个体工商户几种类型,这两个文件大大拓宽了创业者的视野。想创业,无资本,可以去募集资金,寻找投资者。嘉德和泰康都是在这个背景下酝酿的。

1995年10月1日,《保险法》颁布,次年泰康成立,而此前光等牌照就是4年。

2000年,为迎接入世后的竞争挑战,保监会对于保险企业的分公司申请给予大力支持。泰康1996年开业,1998年成立了两家分公司,而2000年上半年就有3家分公司开业,下半年又有5家分公司获准筹备。短短3年开了21家分公司,迅速完成了全国布局。陈东升算过账,那3年建机构的开办费一笔笔摊销合计大概是3.8亿元,而今天100亿都建不了这些机构。

2006年,保险业迎来国务院《关于加快发展现代保险服务业的若干意见》("国十条")的政策甘霖,加上股市进入牛市,用陈东升的话,"这像是改革开放30年给人民的一份大礼",泰康加速发展,在股市上所获甚丰,股市到达6000点后又大力减仓锁定成果。粮草充足,接下来3年大力推进县域保险,把市场做深。

2009年,养老社区试点花落泰康,可以用保险的长期资金投资长线项目,深耕寿险产业链。"活力养老、高端医疗、卓越理财、终极关怀"的四位一体商业模式,养老、健康、财富的三大闭环,由此得以真正启动,大健康产业生态体系模样初具。

怎么什么机会都给陈东升抓着了?他是不是有什么特殊背景?

陈东升在武汉大学学的是政治经济学,又曾在国家部委工作,这些经历积累了人脉资源、熟谙政策动向的能力和不凡的商业远见。他在《管理世界》策划的"中国500家大企业评价"和"中国工业40年成就展",也为他积累了声名,认识了一大批企业家。所以嘉德拍卖募资时,一个星期就找到了十几个股东,募齐了2000万元。他的大学师兄卢建、田源,都帮了不少忙。后来筹备泰康保险,和他一起创业的也有当时在央行工作的专业人士。

不过,陈东升一向坚持的原则是,懂政策而不搞政策寻租,有关系而不靠关系办事。相反,他一直和各种关系保持距离。"靠山"变"冰山""火山",这样的教训太多了。他的价值观是"三化三不",即专业化、市场化、规范化,不偷、不抢、不争。

不偷,就是不偷国家的钱,不偷股东的钱。泰康成立之初,国企投资了1.8亿元，20年后在产权交易所挂牌转让，变现了124亿元，加上分红有70倍收益；不抢，就是不做恶意收购；不争就是不争一时，不争一城一池，争长久、争战略、争思想、争未来。

陈东升不争而争，始终靠眼光和布局的优势，跨入发展快车道。他曾坦率地说过"92派企业家"的特征是"用计划经济的余威抢占市场经济的滩头"，"余威是说你在机关，熟悉这个体制，但也只有那么一点威力了，比如《管理世界》是发展研究中心的一个杂志，没有什么公权力，也不可能用它去寻租。创业主要是靠眼光，靠创意，孜孜不倦去找人游说，拿到牌照，目的是抢占市场经济滩头，靠市场证明你的存在价值"。

每一个时代都有机遇与挑战、矛盾和问题。陈东升一直研究经济，对中国存在的问题很清楚，但他更相信中国的机会和国运。他的口头禅是"看好中国200年"。不少经济学者对于政府干预经济都持批评态度，但陈东升始终坚持，政府主导经济的实质是以经济建设为中心，是"企业家精神的泛社会化"，书记像董事长、市长像总经理，主流是积极的、正向的。在政府主导下，国资、外资、民资三股力量一起发挥作用，这是中国独特的道路。

2013年年初，泰康的重要股东美国高盛集团的董事长贝兰克梵和陈东升交流，他说20世纪是美国的世纪，21世纪一定是中国的世纪。从20世纪至今，美国经历了20世纪30年代的大萧条、1972年石油危机以及其后的10年滞胀，再到2008年的金融危机，美国经历了这么多危机但一直在学习、在发展。中国的步伐完全可以放缓一点，遇到挫折和挑战并没有什么。

陈东升说，看中国要看大趋势，10亿人的发财梦想都被激发出来的时候，想不发展都难。陈东升看好中国，更看好中国中产人群的崛起。他说："在贫穷的时候没有财力买保险，而特别富裕的人，他的财富就是他的保险,所以中产人群才是保险行业的基石。我们就是围绕中产人群做生意,中国经济三四十年的高成长,形成了庞大的中产人群,他们是我们保险业的最爱,只有对他们来说保险才是必需品。'一张保单保全家''现代社会三大件,买车、买房、买保险''从摇篮到天堂,一张保单一辈子的幸福''让保险更安心、更便捷、更实惠,让人们更健康、更长寿、更富足'。我们一直都在弘扬这种新的生活方式,把虚拟的金融和现实的养老、医疗对接起来,创造出新模式。我们最大的风口就是伴随中产人群一起成长,为日益增长的中产人群及家庭提供全方位的健康和财富的管理与服务。"

看好中国200年,看好中产几亿人,这就是泰康"长坡、宽道、厚雪"商业模式的前提。泰康有句话说,"活着我们为您服务,进天堂我们为您站岗"。陈东升喜欢看巴菲特的《滚雪球》,长长的坡、宽宽的道、厚厚的雪,才能滚世界最大的雪球。"从摇篮到天堂"是最长的坡,养老、医疗、理财和终极关怀是宽宽的道,中高端客户就是最厚的雪。因为是人就离不开养老、医疗、投资,只要能控制好风险,就是世界最好的商业模式。

这就是陈东升"大富由天"的道理。

成功在于慎终如始的坚持

看好时代、看对大势、看准市场,这只是成功的必要条件,而不是充分条件。

陈东升说,"理想和现实间隔着一道万里长城","大事要敢想,小事要一点点做","真正的企业家精神不是温室中的幼苗",理想要变成现实并不容易。

泰康的成功，既是时代的产物，更是自身点点滴滴奋斗的结果。市场对泰康没有特别的恩赐，只有靠专业化、市场化、规范化才能活下去，走出来。

该抓机遇的时候，陈东升重视速度。"20多个分公司用3年时间干完，如果让外资公司看就是疯子，是风险之风险。但为什么外资保险在中国没有做大？因为它们来自成熟市场，不知道中国这个有着13亿人口的新兴市场有什么特色，该用什么打法，它们只是强调风控和按部就班。而泰康是因时而生、因市而兴、因势而变，抓住每一个战略机遇，超常规跨越式发展。"

该稳健经营的时候，陈东升重视效率。他一直强调泰康要做资本节约型公司，因为资本是有成本的，资本的效率最终要由经营来决定。如果经营带来的资本回报增长的速度低于准备金负债增长的速度，就会导致偿付能力越来越不足，会陷入恶性循环。所以效率就是生命，而资本就是刚性约束。早在20世纪90年代，泰康就明确核保核赔委员会总管死差和风险控制，投资委员会管理利差，预算委员会解决费差，自创立起泰康是保险业极少数没有让股东不断注资、没有稀释股东资本的公司，从未出现偿付能力不足的情况。泰康有不少物业，但直到今天资产仍然按照原值计算，如此保守的财务政策是为了给将来留出余地。

该积极突破的时候，陈东升不乏创新。早期创新靠快速模仿，营销体制学习东南亚和中国台湾、香港，借鉴国泰模式、安泰模式、南山模式及友邦模式；信息技术、精算、管理、财务和投资管理学习欧美，提倡向世界上一流的跨国企业学习。越往后，自主的创新越多，比如在保险业第一个发次级债，第一个使用内含价值标准，第一个百分百电话回访，第一个做医养。

在我看来，和许多世界优秀企业一样，泰康的成功，最终离不开文化和机制。

泰康的文化是专业、正气的文化。专业就是"不管做什么，都把它做出花"，做深做透做精；正气就是不许拉帮结派，不许给上级送礼，不许钻营、溜须拍马，泰康不是乌托邦，但更不是极其现实的唯利主义者。

泰康的机制，最根本的是治理结构。治理结构是决定一个企业能走多远的基因。陈东升是泰康和嘉德的创始人，也是大股东。创始人、大股东、创新者、CEO，这四种角色集于一身，体现出最具活力的企业家精神。陈东升说："巴菲特今年87岁了，60年亲历在第一线。不亲力亲为只管战略是错误的，离开现实的经营实体，你就没有发言权，战略会错，想法会不接地气。"

初心不改的陈东升，慎终如始的陈东升，通过以泰康为载体所进行的市场经济实践，为这个时代增添了一段雄浑壮美的旋律，也证明了有理想、有知识、有专业追求、坚持走正道的现代商人，在这个时代前途无量。